アガルートの
司法試験・予備試験
総合講義 1 問 1 答

商 法

アガルートアカデミー 編著

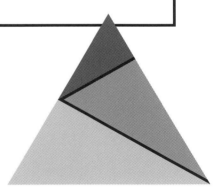

AGAROOT
ACADEMY

は し が き

　本書は，司法試験・予備試験の主に論文式試験で問われる知識を1問1答形式で整理したものである。初学者であれば，基本書等を読み進めて理解した後で，その知識を復習するための副教材として使用することを，中上級者であれば，一通りインプットを済ませた後で，知識を網羅的に点検し，定着させるものとして使用することを想定している。

　論文式試験で問われる知識を整理・確認する書籍としては，論証として整理をしている論証集や，問題とその解説あるいは解答例という形式で提供する演習書が存在する。しかし，論証集には，問題形式になっておらず人によっては覚えにくく取り組みにくいという側面があり，演習書には，問題文が長文になりがちで知識を再確認するには使いにくいという側面がある。

　そのため，シンプルに論文で問われる知識をおさらいできる問題集はないかと模索した結果，1問1答形式の問題集に至った。作成当時は，アガルートアカデミーで個別指導を受講している受講生向けに，復習用教材として使用していたのであるが，その評判が上々であり，学習の成果も確認することができたため，これを書籍として刊行することにした次第である。

　本書は，2019年に『アガルートの司法試験・予備試験 総合講義1問1答 商法・民事訴訟法』として発行したものであるが，判例学習の重要性が増している私法系科目の傾向を踏まえ，1問1答だけでなく，重要判例に関する空欄補充問題も掲載し，「商法」「民事訴訟法」として独立させたものである。

　本書の空欄補充問題を通じて，最低限記憶しておくべき，判例の結論及び，結論を導くための重要なキーワードをインプットしてほしい。

　また，過去の司法試験・予備試験で出題された会社法・会社法施行規則の条文を掲載した。参考にしてほしい。

　本書は，知識の解説をしたものではなく，また，具体的事例問題を掲載したものでもない。司法試験・予備試験の合格に必須の知識を定着させるための問題集である。すらすらと書けるようになるまで，繰り返し解き続けてほしい。

　本書の前身である問題集は，既にアガルートアカデミーの受講生が利用しており，多くの合格者を輩出している。読者諸賢にとっても，この問題集が，正確な知識の定着の一助となり，司法試験・予備試験の合格を勝ち取ることを切に願う。

2021年7月吉日

アガルートアカデミー

目　次

本書の使い方

問題ランク
Aは学習初期から必ず押さえてほしい基本的な問題を，
Bはそれ以上のレベルの問題を表します。
１周目は**A**だけを，２周目は**B**を中心に問題を解いて
いくと学習を効率的に進められます。

【左側：問題】

チェックボックス
解き終わったらチェックし
て日付を記入しましょう。

問題文
基本・重要論点を順序立て
て端的に問う内容となって
います。

通し番号
単元ごとの通し番号です。
「今日は何番まで」等，目
標設定にお役立てください。

条文表記
（362Ⅳ①）は，362条4
項1号を表します。

□ _/_ □ _/_ □ _/_	23. **A**	「重要な財産の処分及び譲受け」（362Ⅳ①）又は「多額の借財」（362Ⅳ②）の要件のうち，「重要」又は「多額」の判断方法について説明しなさい。
□ _/_ □ _/_ □ _/_	24. **B**	「多額の借財」（362Ⅳ②）の要件のうち，「借財」に保証は含まれるかについて説明しなさい。
□ _/_ □ _/_ □ _/_	25. **B**	「特別の利害関係を有する取締役」（369Ⅱ）に対する取締役会の招集通知（368Ⅰ）の要否について説明しなさい。
□ _/_ □ _/_ □ _/_	26. **A**	(1)全員出席取締役会の成立要件，及び(2)全員出席総会による招集手続の瑕疵の治癒について説明しなさい。
□ _/_ □ _/_ □ _/_	27. **A**	「特別の利害関係を有する取締役」（369Ⅱ）の意義について説明しなさい。
□ _/_ □ _/_ □ _/_	28. **A**	取締役会に瑕疵がある場合，その決議の効力がどうなるかについて説明しなさい。
□ _/_ □ _/_ □ _/_	29. **A**	代表取締役が取締役会の決議なく株主総会を招集した場合の株主総会決議の効力について説明しなさい。
□ _/_ □ _/_ □ _/_	30. **B**	代表取締役が取締役会の決議なく「重要な財産の処分」（362Ⅳ①）を行った場合の効力（取締役会決議を欠く取引の効力）について説明しなさい。

36 問 題

【右側：解答】

23. 当該財産の価格，会社の総資産に占める割合，保有目的，処分の態様，従来の取扱等諸般の事情を総合的に考慮する（最判平6.1.20）。

24. 保証も借財と同じく債務負担行為であるから，保証も含まれる（東京高判昭62.7.30，東京地判平9.3.17など）。

25. 取締役会の審議事項は，通知の内容にかかわらず追加することが可能であるため，特別利害関係取締役が議事（審議）に参加することができるか否かにかかわらず，招集通知が必要である（東京地判昭56.9.22，東京地判昭63.8.23）。

26. (1) ①取締役会参加資格者の全員出席，②全員が取締役会との認識を有していること，③取締役会の権限事項の協議。
    (2) 招集手続を経ていないことが違法とならない（最判昭31.6.29）。

27. 本条項の趣旨が取締役の会社に対する忠実義務の違反を事前に防止し，取締役会の議決の公正さを担保し，会社利益を保護するところにあるから，「特別の利害関係を有する取締役」（369 II）とは取締役の忠実義務違反をもたらすおそれのある，会社の利益と衝突する個人的利害関係を有する者を指す。

28. 違法であれば無効であるのが原則であるが，取締役が出席しても決議に影響がないと認めるべき特段の事情がある場合にまで無効とする必要はないため，有効となる（最判昭44.12.2）。

29. 決議不存在としても第三者の取引の安全は害されないものの，一応正当な招集権者である代表取締役により招集されていることから，取消事由となる（決議不存在となるわけではない，最判昭46.3.18）。
    ※平取締役が取締役会決議なしに総会を招集した場合は不存在となる（最判昭45.8.20）。

30. 内部的意思決定を欠くにとどまるため，原則として有効であるが，取締役会決議という内部的意思決定を欠くにもかかわらず，会社の業務に関して包括的代表権を有する代表取締役が契約を締結した点で，心裡留保類似の構造があるといえるため，民法93条ただし書の類推適用により，相手方が取締役会決議を経ていないことを知り又は知り得べかりしときに限って，無効となる（最判昭40.9.22）。
    ※近時判例は，原則として当該会社以外の者からの無効主張を認めないとした（最判平21.4.17）。

解答
論文式試験で記載することになる知識をまとめた内容になっています。

インデックス
現在学習中の部分が一目瞭然です。

商　　法

1　商法総則・商行為

☐ ／＿＿
☐ ／＿＿
☐ ／＿＿　**1.**　**A**　商人資格の取得時期について説明しなさい。

☐ ／＿＿
☐ ／＿＿
☐ ／＿＿　**2.**　**A**　「正当な事由」（9Ⅰ後段，会社908Ⅰ後段）の意義について説明しなさい。

☐ ／＿＿
☐ ／＿＿
☐ ／＿＿　**3.**　**A**　9条1項後段（会社908Ⅰ後段）と会社法354条の適用関係について説明しなさい。

☐ ／＿＿
☐ ／＿＿
☐ ／＿＿　**4.**　**B**　9条1項後段（会社908Ⅰ後段）と民法112条の適用関係について説明しなさい。

☐ ／＿＿
☐ ／＿＿
☐ ／＿＿　**5.**　**A**　名板貸人の責任の要件について説明しなさい。

☐ ／＿＿
☐ ／＿＿
☐ ／＿＿　**6.**　**A**　「商号」（14）は完全に同一である必要があるかについて説明しなさい。

☐ ／＿＿
☐ ／＿＿
☐ ／＿＿　**7.**　**A**　名板貸人と名板借人の「営業又は事業」（14）の同種性が必要かについて説明しなさい。

☐ ／＿＿
☐ ／＿＿
☐ ／＿＿　**8.**　**B**　他人が自己の商号を使用して営業していることを知りながら，漫然と放置した場合，「許諾」（14）したと認められるかについて説明しなさい。

☐ ／＿＿
☐ ／＿＿
☐ ／＿＿　**9.**　**A**　「誤認」（14）の意義について説明しなさい。

1　商法総則・商行為

1.　商事取引における取引の安全を図る観点から，事業意思の客観的認識可能性が生じた時点で商人資格を取得する（ただし，客観的認識可能性が生じる以前でも，相手方が事業意思に悪意の場合，その時点で商人資格を取得する）。

2.　登記簿の消滅，天変地異など客観的障害のこと。

3.　商取引は反復・迅速に行われているため，法が逐一登記簿の閲覧を要求しているとは考えられない。そこで，会社法354条を会社法908条1項後段の例外と考える（最判昭42.4.28）。

4.　民法の表見代理規定は外観法理に関する一般的規定にすぎない。そこで，9条1項後段（会社908 I 後段）が全面的に適用される（最判昭49.3.22）。

5.　①名板貸人が名板借人に「自己の商号を使用」することを「許諾」すること。
②名板借人が名板貸人の商号を使用して「営業又は事業」を行うこと。
③第三者が「当該商人が当該営業を行うものと誤認して当該他人取引をした」こと（当該商人とは名板貸人のこと）（14）。

6.　一般人にとって営業主体の同一性に関する誤認を生ずべきものであれば足りる（最判昭33.2.21）。

7.　原則として必要であるが，例外的に営業主体の誤認を招くような特段の事情があれば同種性は不要。

8.　名板貸人の帰責性を基礎付ける要件であるから，許諾は黙示でも「許諾」したと認められる（最判昭33.2.21，最判昭43.6.13）。

9.　重過失は悪意と同視できるから，善意・無重過失を指す（最判昭41.1.27）。

□ ／
□ ／
□ ／
10. **B** 「責任」(14) の範囲に事実行為としての不法行為に基づく損害賠償債務が含まれるかについて説明しなさい。

□ ／
□ ／
□ ／
11. **A** 商号の使用許諾はないが，営業主体の誤認を生じさせるような外観が生じていた場合，14条（会社9）を類推適用できるかについて説明しなさい。

□ ／
□ ／
□ ／
12. **A** 表見支配人の定めの適用において，「営業所」(24，会社13) は実際に営業所としての実質を備えたものである必要があるかについて説明しなさい。

□ ／
□ ／
□ ／
13. **A** 「営業所」(24，会社13) の意義について説明しなさい。

□ ／
□ ／
□ ／
14. **A** 「営業…譲渡」(16 I) の意義について説明しなさい。

□ ／
□ ／
□ ／
15. **A** 「商号を引き続き使用」(17 I，会社22 I) しているか否かの判断基準について説明しなさい。

□ ／
□ ／
□ ／
16. **B** 現物出資に17条1項（会社22 I）を類推適用することができるかについて説明しなさい。

10.　①「当該取引によって生じた債務を弁済する責任を負う」（14，会社9）の文言，②事実行為によって不法行為責任が生じた場合は不法行為法理による救済で足りる（民715，709）ことから，取引の外形を伴うものを除き，事実行為としての不法行為に基づく損害賠償債務は含まれない（最判昭52.12.23，最判昭58.1.25）。

11.　14条（会社9）は，外観法理を根拠とするものであるから，営業主体を誤認させる外観が生じていた場合には，類推適用を認めるべきである。
　　具体的には，①営業主体の誤認を生じしめるような外観の存在（看板，営業時間，営業行為等の事情を考慮），②①に対する帰責性（商号使用の許諾と同視できるようなものである必要がある），③取引の相手方の誤認の3要件を満たせば同条を類推適用することができる（最判平7.11.30）。

12.　24条（会社13）の趣旨は，営業の主任者としての外観に対する相手方の信頼を保護するものであり，営業所としての実質を備えていない点まで治癒するものではないから，営業所としての実質を備えている必要がある（最判昭37.5.1）。

13.　営業活動を統括するために一定の人的・物的施設を備えた場所的中心をいい，①専属の従業員がいること，②その長が部下への指揮権をもつこと，③帳簿が本店と別であること，④営業所名義で銀行に口座を有することなどが考慮要素となる。

14.　①一定の営業目的のため組織化され，有機的一体として機能する財産を譲渡し，②これによって，譲渡人がその営業的活動を譲受人に受け継がせ，③譲渡人が法律上当然に競業避止義務（16）を負う結果を伴うものをいう。

15.　本条の趣旨は，商号の続用がある場合は，同一の営業主体による営業が継続しているものと信じたり，営業主体の変更があったけれども譲受人により譲渡人の債務の引受けがされたと信じたりするものであり，このような信頼を保護する点にあるから，債権者がかかる信頼を与えられるのに足りるような状況が存しているか否かで決すべきでる。
　　そこで，商号が同一ではなく，類似しているにすぎない場合であっても取引上の通念によって，譲渡人の債権者が同一の営業主体であると誤解する程度の商号を譲受人において続用している場合には，商号の続用が認められる（最判昭38.3.1参照）。

16.　同条の趣旨は，営業主の交代を知らないか，あるいは知っていたときでも商号の続用がある場合，営業に含まれる自己の債務も引き受けられたものと考える債権者の信頼を保護する点にあるところ，営業譲渡と現物出資とでは，いずれも法律行為による営業の移転である点で，債権者の有する信頼は同じであるから，類推適用し得る（最判昭47.3.2）。

□	／	**17.**	**B**
□	／		
□	／		

名称の続用の場合に17条（会社22 I）を類推適用する
ことができるかについて説明しなさい。

□	／	**18.**	**A**
□	／		
□	／		

商人が顕名をしないで代理行為をし，相手方も本人の
ために取引していることを過失なく知らなかった場合の
処理について説明しなさい。

17.　　名称の続用により形成された外観を排除し得る，会社法22条2項の免責通知に相当するような客観的事情が存在するなどの特段の事情がない限り，類推適用し得る。

18.　　504条ただし書は，同条本文が，顕名主義の例外を認めることにより，相手方に不測の損害が生じることを防ぐための相手方保護の規定である。そこで，契約は，相手方・代理人間（504ただし書）及び相手方・本人間（504本文）に成立しているが，相手方の選択によりどちらかを主張でき，一方を選択するときには，他方は主張できなくなる（最大判昭43.4.24）。

2 会社法総論・設立・株式

☐ ／
☐ ／　**1.**　**B**　　一人会社において株主総会を招集するのに，株主総会
☐ ／　　　　　　　　の招集手続を履践する必要があるかについて説明しなさい。

☐ ／
☐ ／　**2.**　**B**　　一人会社において取締役が利益相反取引（356Ⅰ②③，
☐ ／　　　　　　　　365Ⅰ）を行う場合，当該取締役が当該会社の一人株主である場合も，取締役会の承認は必要かについて説明しなさい。

☐ ／
☐ ／　**3.**　**B**　　一人株主が譲渡制限株式（107Ⅰ①，同Ⅱ①）を譲渡
☐ ／　　　　　　　　したが，定款所定の会社の承認がない場合の株式譲渡の効力について説明しなさい。

☐ ／
☐ ／　**4.**　**A**　　法人格否認の法理について説明しなさい。
☐ ／

☐ ／
☐ ／　**5.**　**A**　　法人格否認の法理の類型及び判断要素ないし要件について説明しなさい。
☐ ／

☐ ／
☐ ／　**6.**　**A**　　預合い（965）の意義について説明しなさい。
☐ ／

2　会社法総論・設立・株式

1.　招集手続の趣旨（株主に総会への出席の機会を確保し，また準備のための時間的余裕を与えること）からすれば，株主全員（一人）が総会の開催に応じている場合，その利益を放棄していると考えられるから，株主総会の招集手続を履践する必要はない（最判昭46.6.24）。

2.　356条1項2号3号，365条1項の趣旨（取締役の権限濫用を防ぎ，もって会社の利益を確保すること）からすれば，実質的な会社の利益の帰属主体たる株主が全員承諾しているのならば，取締役会の承認は不要としてもよい（最判昭49.9.26）。

3.　譲渡制限制度は，会社にとって好ましくない者が株主となることを防止し，他の株主の利益を保護することにあるところ，一人株主が全株式を譲渡した場合，他の株主の利益保護が問題となる余地はないから，承諾は不要である（最判平5.3.30，一人会社以外の会社において，譲渡人以外の全株主が譲渡に同意している場合について東京高判平2.11.29，最判平9.3.27）。

4.　法人たる会社の形式的独立性を貫くと正義・衡平に反する結果となる場合に，特定の事案に限って会社の独立性を否定し，会社とその社員を同一視する法理。

5.　(1)　形骸化事例（法人とはいうものの，実質は社員の個人企業や親会社の一営業部門に過ぎないような場合，最判昭44.2.27）
　　　　→判断要素：①業務活動混同の反復・継続，②会社と社員の義務・財産の全般的・継続的混同，③明確な帳簿記載・会計区分の欠如，④株主総会・取締役会の不開催等，強行法的組織規定の無視等
　　(2)　濫用事例（会社の背後にあって支配する者が，違法又は不当な目的のために会社の法人格を利用する場合）
　　　　→要件：①背後者が会社を自己の意のままに道具として用い得る支配的地位にあって，会社法人格を利用している事実（支配の要件），②違法な目的という主観的要素（目的の要件）

6.　発起人が払込取扱銀行から金銭を借り入れ，これを設立中の会社の預金に振り替えて株式の払込みに充てるが，借入金を返済するまで預金を引き出さないことを約すること。

□ ／	7.	**B**	預合いによる払込みの効力について説明しなさい。

□ ／	8.	**A**	見せ金の意義について説明しなさい。

□ ／	9.	**B**	見せ金に当たるか否かの考慮要素について説明しなさい。

□ ／	10.	**A**	見せ金による払込みの効力について説明しなさい。

□ ／	11.	**B**	見せ金をした発起人（又は引受人）が負う責任について説明しなさい。

□ ／	12.	**B**	仮装に関与した取締役が負う責任について説明しなさい。

□ ／	13.	**B**	設立中に発起人がなした法律行為の効果が成立後の会社に帰属することをいかに説明すべきかについて説明しなさい。

□ ／	14.	**B**	設立中の会社の発起人の権限の範囲について説明しなさい。

7. 　無効説（通説）＝銀行の帳簿上の操作にすぎず，会社にとって実質的には財産は確保されていないため，払込みを無効として会社債権者及び他の引受人を保護する必要性があるから，無効である。
　有効説（立案担当者）＝64条2項は募集設立の場合にのみ，保管証明責任を負わせているから，仮に払込みを無効とすると，発起設立の場合，会社は払込金の返還請求ができなくなるため，有効とした上で，会社債権者は債権者代位権（民423）の行使によって払込取扱機関に預金の返還請求ができると解すべき。

8. 　発起人が払込取扱銀行以外の者から金銭を借り入れて株式の払込みに充て，会社の成立後にこれを引き出してその借入金を返済すること。

9. 　①会社成立後，借入金を返済するまでの期間の長短，②払戻金が会社資金として運用された事実の有無，③借入金の返済が会社の資金関係に及ぼす影響の有無等。

10. 　無効説＝形式的に見れば，個々の行為は有効だが，全体としてみれば，仮装払込みの一環をなすにすぎず実質的には払込みがあったとは考えられないことから，会社財産の基礎を危うくさせるものとして無効とすべきである。
　有効説＝「権利を行使することができない」（52の2Ⅳ），「権利を行使することができる」（52の2Ⅴ）との文言は有効説を前提としたものである。

11. 　会社に対して，仮装した金額の全額の支払義務を負う（発起人について52の2Ⅰ，引受人について102の2Ⅰ，102Ⅲ）
　任務懈怠責任として，会社・第三者に生じた損害を賠償する責任を負う（53）

12. 　仮装に関与した発起人も，仮装払込みをした発起人と同様の責任を負うが，無過失を立証した場合は責任を免れる（52の2Ⅱ，103Ⅱ）

13. 　法人格が付与されていない段階においても，会社の社団形成自体は徐々に行われており，一定の段階で権利能力なき社団たる設立中の会社の成立を認めることができる。そうすれば，設立中の会社と成立後の会社は実質的に同一のものであると考え，発起人が設立中の会社の機関として行った設立のために必要な行為の効果は，会社成立前においても実質的には設立中の会社に帰属している。そのため，会社の成立とともに形式的にも当然に会社に帰属する（最判昭42.9.26）。

14. 　設立中の会社は会社の設立を目的としているから，法人たる会社の形成・設立それ自体を目的とする行為の他，会社の設立にとって法律上・経済上必要な行為まで及ぶと考えるべきである（大判昭2.7.4）。

□ / □ / □ /	15.	B	定款に記載された設立費用（28④）の額を超えて発起人が設立費用を支出した場合，どの限度で会社に帰属するかについて説明しなさい。
□ / □ / □ /	16.	B	定款に記載のない財産引受けの効力について財産引受けを会社は追認できるかの点も含めて説明しなさい。
□ / □ / □ /	17.	B	開業準備行為として締結した契約の効力について説明しなさい。
□ / □ / □ /	18.	B	現物出資又は財産引受けの目的である財産の価額が定款に記載された価額に著しく不足するとき，発起人・設立時取締役は責任を負うかについて説明しなさい。
□ / □ / □ /	19.	A	会社設立の無効事由について説明しなさい。
□ / □ / □ /	20.	B	株式会社において詐害的な設立行為がなされた場合に，民法上の詐害行為取消権（民424）によって，設立行為を取り消すことができるかについて説明しなさい。
□ / □ / □ /	21.	B	株式が共同相続された場合の法律関係について説明しなさい。
□ / □ / □ /	22.	B	株式の共有者は会社に権利行使者を指定して通知する必要があるが（106本文），権利行使者はどのように定めるべきかについて説明しなさい。

15. 　定款に記載された額の範囲で会社に債務が帰属し，これを超える部分について発起人に債務が帰属する。

16. 　定款に記載がなければ，無効となる（28柱書）。28条2号は開業準備行為である財産引受けについて，例外的に発起人の権限を認めたものであるため，会社からの追認もできない（最判昭28.12.3，最判昭38.12.24，最判昭42.9.26）。ただし，無効主張が信義則に反する特段の事情がある場合にはこの限りでない（最判昭61.9.11）。

17. 　財産引受け以外の開業準備行為については会社法に定めがないため，会社との契約は無効であり，会社に対する請求を行うことができない（最判昭38.12.24）。

18. 　検査役の調査を経た場合→責任を負わない（52Ⅱ①）
　検査役の調査がない場合→発起設立の場合は過失責任，募集設立の場合は無過失責任（52Ⅱ②，103Ⅰ参照）

19. 　株式会社の場合，個々の株式引受けが無効であり，又は取り消されても，その者が参加しないのみで，設立自体は人的理由による影響を受けないため，客観的無効原因（設立に関する準則違反（客観的瑕疵）による無効原因）に限る。

20. 　肯定説（東京地判平15.10.10）＝①832条2号は民法424条の特則であり，株式会社の場合は，一般法たる民法424条が適用されるというべきであること，②不誠実な債務者が行う財産隠匿を防止する必要があることから，設立行為を取り消すことができる。
　否定説＝現物出資行為は通常の個人間の行為ではなく団体的な行為であり，個人間の行為を規律する民法の諸規定は適用されないことから，設立行為を取り消すことはできない。

21. 　株式は，自益権のみならず，議決権などの共益権を含むため，可分債権とみることはできないから，共同相続人の準共有（民898）となる（最判昭45.1.22）。

22. 　①全員一致を要求する（民251）と会社運営に支障をきたすおそれがあり，会社の事務処理の便宜を考慮した同条の趣旨を没却すること，②権利行使者の指定は共有物の管理行為に当たること（民252）から，持分の過半数で決する必要がある（最判平9.1.28）。

2
会社法総論・設立・株式

| | | 23. | B | 株式の共有者間に権利行使に関しての内部合意があった場合，当該内部合意を会社に対抗することができるかについて説明しなさい。 |

| | | 24. | B | 権利行使者の指定・通知について，共有者の過半数に基づく決定がない場合に会社の方から権利行使を認めることができるのかについて説明しなさい。 |

| | | 25. | B | 106条本文は，株式の共有者が会社に対して訴えを提起する場合にも適用されるかについて説明しなさい。 |

| | | 26. | B | 会計帳簿閲覧謄写請求権の拒否事由である実質的競争関係（433Ⅱ③）に該当するためには，得た情報を競業に利用する主観的意図も要するかについて説明しなさい。 |

23.　　定められた権利行使者は自己の判断で株主としての権利を行使することができるため，株式の共有者間に権利行使に関しての内部的合意があったとしても，会社に対してこれを対抗することはできない（最判昭53.4.14）。

24.　　106条本文は，共有に属する株式の権利の行使の方法について，民法の共有に関する規定に対する「特別の定め」（民264ただし書）を設けたものである。
　　その上で，106条ただし書は，その文言に照らすと，株式会社が当該同意をした場合には，共有に属する株式についての権利の行使方法に関する特別の定めである同条本文の適用が排除されることを定めたものであるから，当該権利の行使が民法の共有に関する規定に従ったものでないときは，当該権利の行使は，適法となるものではなく，会社の方から権利行使を認めることはできない。
　　なお，共有に属する株式についての議決権の行使は，特段の事情のない限り，株式の管理に関する行為として，民法252条本文により，各共有者の持分の価格に従い，その過半数で決せられる（最判平27.2.19）。

25.　　訴訟提起も会社に対する権利行使の一種であり，実質的にみても会社運営の便宜を図った106条の趣旨が及ぶと解すべきであるから，106条本文の適用がある。したがって，権利行使者の指定・通知をしていない者は，会社側に信義に反する行為が認められる特段の事情がない限り，原告適格を欠く（最判平2.12.4，最判平3.2.19，最判平9.1.28）。

26.　　①本号の文言上，請求者の主観的意図は要件とされておらず，規定の構造上も，主観的意図が認められる場合は1号により閲覧を拒絶できることからすれば，1号のほかに特に本号が置かれている意義は，客観的に競業者等に該当すれば主観的意図に関係なく閲覧を拒絶できるところにあると解するのが自然であること，②主観的意図の立証が困難であることも考慮する必要があること，③請求者が請求時において情報を競業に利用するなどの具体的意図を有していなかったとしても，競業関係が存する以上，閲覧等によって得られた情報が競業に利用される危険性は常に存在するということができ，そのような利用を事後的かつ実効的に規制するのは一般に困難であると考えられることからすれば，主観的意図は要しない（最決平21.1.15）。

□ / □ / □ /	27.	Ⓑ	会計帳簿閲覧謄写請求における「請求の理由」（433 Ⅰ柱書後段）について， (1)どの程度の理由を記載する必要があるか， (2)請求理由を基礎付ける事実を立証する必要があるか， について説明しなさい。
□ / □ / □ /	28.	Ⓑ	非公開会社において，株主が株式譲渡のために，株式等の適正な価格を算定する目的でした会計帳簿等の閲覧謄写請求が拒絶事由（433 Ⅱ①）に当たるかについて説明しなさい。
□ / □ / □ /	29.	Ⓑ	事後的な事情の変動（新株発行等）によって，検査役選任請求の持株要件を満たさなくなった場合，請求の適法性をどのように解すべきかについて説明しなさい。
□ / □ / □ /	30.	Ⓑ	株主平等原則（109 Ⅰ）に反する行為の効力について説明しなさい。
□ / □ / □ /	31.	Ⓐ	剰余金の無配の場合を決定しながら，一部の大株主にのみ配当することは株主平等原則に違反しないかについて説明しなさい。

27.　(1)　①会社が開示を要求されている会計帳簿等の範囲を知り，また，433条2項各号に規定する閲覧拒否の事由の存否を判断するために必要であること，②一般的調査が容易に認められると，会社の営業に支障が生じるだけでなく，営業秘密の漏洩，閲覧株主による会計情報の不正利用等の危険が生じるので，それを防止する必要があることから，具体的に示す必要がある（最判平2.11.8，最判平16.7.1）。

　　(2)　①株主は，請求の理由を明らかにさえすればよいのであって，これの立証を求めるのは433条の建付けに反すること，②閲覧請求は株主による会社経営の監視や株式買取請求を行うために必要な情報収集の手段であるところ，まさに請求を基礎付ける事実の有無を知るために閲覧請求が行われるのであって，請求を基礎付ける事実の有無を証明できるのであれば，閲覧謄写請求をする必要はなく，請求を基礎付ける事実の立証まで要するとすれば，会計帳簿閲覧請求による情報収集を必要とする株主の権利行使が十分機能しなくなるおそれがあること，③433条が，請求者側には簡易な要件を課し，不当な請求については会社側で反証をあげさせるという構造をとっているのは，会社と株主との間の情報の（会社側への）偏在も根拠の1つであると思われるところ，会社の内部事情に精通しているとは限らない株主に，請求を基礎付ける事実の立証を要求することは，株主に困難な立証を強いることになることから，立証は不要である（最判平16.7.11）。

28.　株式を譲渡して対価を得ようとする場合には，譲渡承認手続，指定買取人指定請求，及び指定買取人との価格交渉及び裁判所への売買価格決定請求等の各法定手続を経る必要があることから，特段の事情が存しない限り，拒絶事由には当たらない（最判平16.7.1）。

29.　検査役選任請求権のような会社に大きな影響を与える権利は，会社に一定以上の利害関係を有する株主にのみ認められるべきであり，その利害関係を維持するためには，裁判の確定まで持株要件を維持しなければならないため，当該会社が当該株主の申請を妨害する目的で新株を発行したなどの特段の事情のない限り，不適法となる（最決平18.9.28）。

30.　109条1項は強行法規的性格を有するから，一般的無効となる。

31.　特定の大株主のみを有利に扱うものであるから，株主平等原則に違反する（最判昭45.11.24）。

☐ /	**32.**	**A**	株主優待制度は株主平等原則に反しないかについて説明しなさい。

☐ /
☐ /

☐ /	**33.**	**B**	株券の成立時期について説明しなさい。

☐ /
☐ /

☐ /	**34.**	**B**	株券発行前の株式の譲渡の効力について説明しなさい。

☐ /
☐ /

☐ /	**35.**	**B**	会社が株券発行を不当に遅滞している場合の株式譲渡の効力について説明しなさい。

☐ /
☐ /

☐ /	**36.**	**A**	会社の承認（取締役会設置会社であれば，取締役会，139Ⅰ本文）がない譲渡制限株式の譲渡の効力について説明しなさい。

☐ /
☐ /

☐ /	**37.**	**A**	譲渡制限株式が承認なく譲渡された場合，会社は譲渡人，譲受人いずれを株主として扱うべきかについて説明しなさい。

☐ /
☐ /

☐ /	**38.**	**B**	自己株式の取得における財源規制について説明しなさい。

☐ /
☐ /

32.　　形式的には平等原則に反するものの，議決権や剰余金配当請求権のように，法律上強く平等な取扱いが要求されている権利が問題となっているわけではなく，平等原則を厳格に解する必要がないため，安定株主確保，自社製品・施設の宣伝などの正当な目的があり，かかる目的を達成するために合理的な必要性があると認められる範囲内においては，実質的に平等原則には反しない。

33.　　株券を作成して株主に交付してはじめて，法律上株券として成立する。

34.　　会社との関係では効力を生じないが（128Ⅱ），①民法の一般原則によれば，当事者間では意思表示（契約）によって有効に株式を譲渡できること，②128条2項の趣旨は，会社の株券発行を円滑・正確に行えるようにするものであるため，会社との関係で効力を生じないとすればそれで足りることから，当事者間では有効である。

35.　　128条2項は，会社保護のための規定であるから，信義則上，会社は譲渡の無効を主張できない（最判昭47.11.8）。

36.　　①会社に対する関係で譲渡を無効とし，会社にとって好ましくない者が株主となるのを阻止すれば，定款による譲渡制限の目的は達成されるし，②137条1項，138条2号は，譲受人から承認請求をすることを認めており，譲渡当事者間においては有効であることを前提としていることから，会社との関係では無効だが，当事者間では有効である（最判昭48.6.15）。

37.　　①会社との関係で効力を生じないことの論理的帰結，②株主権行使の空白発生を防ぐべきこと，③譲渡人に株主権を行使させるか否かの裁量権を会社に与えると濫用のおそれがあることから，譲渡人を株主と取り扱うべき義務を負う（最判昭63.3.15，最判平9.9.9）。

38.　　自己株式の有償取得は，実質的には株主に対する払戻しとなるため，自己株式の取得は，分配可能額を超えてはならないとする財源規制を課している（461Ⅰ①〜⑦，166Ⅰただし書，170Ⅴ）。ただし，自己株式を取得することがやむを得ない場合や債権者保護の手続を他に設けている場合は例外的に財源規制がかからない（155⑩〜⑫等，155⑦）。

□ /	**39.**	**B**	全ての株主に申込みの機会を与える方法で自己株式を取得する場合の取得手続について説明しなさい。
□ /	**40.**	**B**	特定の株主から自己株式を取得する場合の，原則的な取得手続について説明しなさい。
□ /	**41.**	**B**	特定の株主から自己株式を取得する場合であって，他の株主の売主追加請求権が認められない取得手続について説明しなさい。
□ /	**42.**	**B**	自己株式に共益権が認められるかについて説明しなさい。
□ /	**43.**	**B**	自己株式に剰余金配当請求権が認められるかについて説明しなさい。
□ /	**44.**	**B**	取得手続に違反した場合の自己株式取得の効力について説明しなさい。

39. ①株主総会（普通決議）によって，取得する株式数やその対価総額，取得期間（1年以内）を定める（156Ⅰ）。＝授権決議
②授権決議に基づいて，会社（取締役会設置会社においては取締役会）は，取得する株式の数，取得対価の内容及び数若しくは額又はこれらの算定方法，取得対価の総額，申込期日を定める（157ⅠⅡ）。
③通知（158Ⅰ），若しくは公告（公開会社のみ）（158Ⅱ）。
④株主が会社に株式の譲渡しの申込みをすれば，会社はその株式を取得する（159）。

40. 会社は，株式の取得に関する事項の決定（156Ⅰ）に併せて，株主総会の特別決議により，158条1項に基づく通知を特定の株主に対してのみ行う旨を定めることができる（160Ⅰ，309Ⅱ②）。
　もっとも，この場合には原則として，株主は，特定の株主に自己を加えたものを株主総会の議案とすることを請求することができる（売主追加請求権，160Ⅲ）。
　また，会社はこのような請求をすることができることを株主に対して通知しなければならない（160Ⅱ）。

41. ①市場価格のある株式について一定の要件を満たした場合（161）。
②一般承継人からの取得（162）。
③定款による排除（164，ただし，株主全員の同意が必要）。

42. 会社が自己の構成員たる地位を占めるのは，社団法理からみて背理であるため，議決権は認められないし（308Ⅱ），その他の共益権も認められないものと解されている。

43. 会社が受ける配当が分配可能額と受取配当金とに二重に計上され，投資者に誤解を与えるおそれがあるため，認められない（453かっこ書，454Ⅲ）。

44. 法が会社に厳格な取得手続規制を課したのは，剰余金の処分に関する株主の利益を守り，株主平等原則を徹底する趣旨であるところ，取得手続違反がある場合には，そのような株主の利益や株主平等原則が害されることから，原則として取得手続違反の効果は無効である。もっとも，取引の安全を図る必要があるから，違反の事実に善意の株主には会社は無効主張できない。

□	/	45.	Ｂ	財源規制に違反した場合の自己株式取得の効力につい
□	/			て説明しなさい。
□	/			

□	/	46.	Ｂ	違法な自己株式の取得が行われた場合に，会社が代金
□	/			の返還請求をすることは民法708条（の趣旨）に反するの
□	/			ではないかについて説明しなさい。

□	/	47.	Ｂ	違法な自己株式の取得について，譲渡人株主も無効主
□	/			張ができるのかについて説明しなさい。
□	/			

□	/	48.	Ｂ	違法な自己株式取得が行われた場合，株主は，役員等
□	/			に対して，損害賠償請求をすることが考えられるが，そ
□	/			の場合，「損害」をどのように算定すべきかについて説明
				しなさい。

□	/	49.	Ａ	従業員持株制度において，株式の譲渡を強制させる規
□	/			約は株式の自由譲渡性を定める127条に反し違法ではない
□	/			かについて説明しなさい。

45.　無効説（通説）＝①会社財産を確保すべきこと，②決議内容の法令違反があること（830Ⅱ），③462条1項が同時履行の抗弁権を排除する特別規定であると考えればよいこと，④不当利得の「利得」が処分時の売却代金であると考えれば，株価が高騰した部分について，譲渡人株主に支払う必要はないことから，自己株式の取得は無効であり，譲渡人株主は会社に対して不当利得返還義務（民703）を負う。

　　　　有効説（立法担当者）＝①株主が会社に対して有する不当利得返還請求権（株式返還請求権）との同時履行を主張されてしまい（民533類推），特に会社が株式の返還に協力しない場合に，債権者が株主に対して返還請求を主張できなくなるおそれがある（463Ⅱ）こと，②会社が第三者に株式を処分していて株主に返還できない場合，株式の時価相当額の金銭を返還しなければならず，自己株式の取得後に株価が高騰したときに困ること，③461条1項が「効力を生ずる」としていることから，自己株式の取得は有効であり，分配可能額を超える自己株式の取得が有効であることを前提に株主等に返還義務を負わせるのが462条1項である（義務を履行すれば，会社に対して譲渡した株式の返還を請求することができる（民422類推））。

46.　民法708条によって返還請求ができないとすると，違法状態を継続させることとなるから，反しない。

47.　株式譲渡によって欲する結果を得たはずであるから，その後の株価上昇による投機の機会を与える必要はなく，無効主張できない（東京高判平元.2.27，最判平5.7.15）。

48.　売却差額説＝自己株式の取得価額から売却価額を差し引いた額を損害とみる（最判平5.9.9）。

　　　　時価差額説＝取得価額と取得時の時価との差額及び売却価額と売却時の時価との差額の和が損害となる（大阪地判平15.3.5）。

49.　①個々の株主の現実的な承諾があるといえること，②譲渡制限契約は債権契約であるから，株式譲受人など第三者の拘束力はなく，これを害するともいえないこと，③従業員持株制度により特に安価に従業員に株式を支給する場合などは，このような譲渡制限の効力を認める必要もあるから，原則として有効である。もっとも，契約内容が株主の投下資本の回収の途を閉ざすなど，社会通念に照らして著しく不当と認められる場合は，127条に反し，また公序良俗（民90）に反し違法となる場合がある（最判平7.4.25）。

□ ／	50.	Ⓑ 従業員持株制度において，奨励金を交付することは株主平等原則（109Ⅰ）に反しないかについて説明しなさい。
□ ／		
□ ／		

□ ／	51.	Ⓑ 従業員持株制度において奨励金を交付することは，利益供与（120Ⅰ）に当たらないかについて説明しなさい。
□ ／		
□ ／		

□ ／
□ ／
□ ／
52. Ⓑ Y社は，X社からの敵対的買収への予防策として，持合関係にある取引先各社との間で次のような内容の株式持合契約を締結することを検討している。すなわち，「①契約期間は2年とし，契約期間中の株式譲渡は，相手方の同意を要する（同意条項）が②会社又は株主自身の財務状況が悪化したときは，会社の指定する者に先買権（相手方又は相手方の指定する者に優先的な株式の買取機会を与えるもの。なお，その者への譲渡が強制されるためには，市場価格以上の買取価格が提示される必要がある）を与えた上で株式を売却できる」というものである。このような譲渡制限契約の効力について説明しなさい。

□ ／	53.	Ⓑ 基準日後に株式を譲り受けた株主に会社が権利行使を認めることの可否について説明しなさい。
□ ／		
□ ／		

□ ／	54.	Ⓐ 会社が株主名簿の名義書換えを不当に拒絶している場合に，株主が会社に対して株主たる地位を主張することができるかについて説明しなさい。
□ ／		
□ ／		

□ ／	55.	Ⓐ 株主名簿の名義書換未了の株主について，会社側から権利行使を認めることができるかについて説明しなさい。
□ ／		
□ ／		

50.　株主としての地位ではなく，従業員としての地位に基づくものである（福利厚生の一環）から，反しない。

51.　奨励金の支給は株主たる持株会や株主に対して行われるものであるから，120条2項により，利益供与の推定が働くが，福利厚生目的であることを会社が立証できれば，当たらない。

52.　会社の実質的所有者は株主であって，会社の最終的支配権を保持しており，取締役の選解任権を有している（329Ⅰ，339Ⅰ）。このような会社法の規定に鑑みれば，本事例のようないわば「取締役が株主を選ぶ」ことになる仕組みを許容するためには株主の意思を問う必要がある（309Ⅲ①，116Ⅰ①など参照）。そうすると，本事例の契約は，このような会社法の趣旨を潜脱する危険性がある。そこで，合理的な理由に乏しく，経営陣の支配権の維持・確保のためにその権限が利用されるおそれがあるときは，無効となり得る。

53.　会社は，基準日株主の権利を害しない限り，基準日後に株式を取得した者に議決権を行使させることができる（124Ⅳ）。

54.　名義書換えの趣旨は，株主名簿による株主の集団的・画一的取扱いを可能にするという会社保護であるから，名義書換えを不当に拒絶した会社は信義則に反し，保護に値しない。したがって，名義書換えを不当に拒絶された実質上の株主は，名義書換えなくして会社に対して株主であることを主張することができる（最判昭41.7.28）。

55.　①名義書換えの趣旨からすれば，会社がかかる利益を放棄するのは自由であることと，②「対抗することができない」（130Ⅰ）の文言からすれば，会社が自己の危険において，権利行使を認めることは自由である（最判昭30.10.20）。

□ ／
□ ／   **56.**   Ⓑ   名義書換未了の場合において，株式の無償割当て，分
□ ／ 割又は剰余金の配当が，失念株主（譲受人）ではなく名
義株主（譲渡人）になされたとする。この場合の処理に
ついて説明しなさい。

□ ／
□ ／   **57.**   Ⓑ   名義書換未了の場合において，募集株式，新株予約権
□ ／ の割当てを受ける権利が，失念株主（譲受人）ではなく
名義株主（譲渡人）に与えられたとする。この場合の処
理について説明しなさい。

56.　　　当事者間では株主たる地位は，失念株主に移転しているため，名義株主（譲渡人）が権利を行使している場合には，それが不当利得（民703，704）となる。したがって，①剰余金配当については，配当額を失念株主（譲受人）に交付すべきである。また，②無償割当て，株式分割については，株式を失念株主（譲受人）に交付すべきであるが，交付すべき株式を既に売却してしまっている場合には，売却代金相当額を交付すべきである。

57.　　　当事者間では株主たる地位は，失念株主に移転しているため，名義株主（譲渡人）が権利を行使している場合には，それが不当利得（民703，704）となる。したがって，①現存利益の限度で，不当利得の返還請求をすることができるが（民703），引受け時の株価と引受価額の差額を上限として，株価が値下がりしている場合は，請求時の株価と引受価額との差額しか請求できない。もっとも，②失念株主（譲受人）が払込期日前に，払込金額相当の金銭を提供して，名義株主（譲渡人）に対して株式の引受けを請求した場合には，失念株主（譲受人）は名義株主（譲渡人）に対し株式・新株予約権の引渡しを求めることができる（既に売却した場合には，民法704条により，発行直後の時価と払込金額の差額及びその利息を請求することができる）。

　　　※なお，判例（最判昭35.9.15）は，失念株主（譲受人）からの請求を認めない。

3　機　関

☐　／　**1.**　**B**　取締役会設置会社において，株主総会決議により代表
☐　／
☐　／　取締役を選定又は解職する旨の定款規定の効力について
説明しなさい。

☐　／　**2.**　**B**　全員出席総会における株主総会決議の成立要件につい
☐　／
☐　／　て説明しなさい。

☐　／　**3.**　**B**　会社提案の議案に賛成と記載して，委任状を交付した
☐　／
☐　／　にもかかわらず，代理人が反対票を投じた場合の議決権
行使の効力はどうなるかについて説明しなさい。

☐　／　**4.**　**A**　議決権行使の代理人の範囲を株主に限定する定款は，
☐　／
☐　／　310条に反して無効ではないかについて説明しなさい。

3 機 関

1.　　　取締役会の決議によるほか，株主総会の決議によっても代表取締役を定め，又は解職することができると定める限り，そのような定款は，会社の本質・強行法規に反しないため有効。ただし，株主総会のみが代表取締役の選解任権を有する定款は，取締役会の監督権限の実効性を失わせるものであるから，会社の本質・強行法規に反し無効。

　　　※非公開会社につき最決平29.2.21

2.　　　①株主全員がその開催に同意して出席したこと，②株主総会の権限に属する事項につき決議をしたこと，③株主の作成にかかる委任状に基づいて選任された代理人が出席した場合は，株主が会議の目的たる事項を了知して委任状を作成したものであり，かつ，当該決議が会議の目的たる事項の範囲内のものであること。

3.　　　有効説＝賛否の記載は，単に委任者と受任者との内部的な指示の関係にすぎないから，これに反して議決権を行使した場合に受任者が任務懈怠したとして委任者に対し責任を負うのは別として，議決権行使の効力自体は有効である。ただし，会社側が何らかの形による圧力又は協力によって代理人の指示違反の議決権行使を推進した場合には，決議方法の不公正に当たり（831Ⅰ①），決議取消事由を構成する。

　　　無効説＝株主が賛否を記載した委任状によって委任をし，当該委任状が「代理権を証明する書面」（310Ⅰ後段，Ⅲ）として会社に提出されているのであるから，与えられた代理権も賛否のいずれかを指定どおりに議決権行使をする代理権であり，指示違反の議決権行使は無権代理となる。ただし，その数が決議の帰すうに影響がなければ，決議取消原因にはならない，又は裁量棄却の対象となる。

4.　　　株主以外の第三者が総会に参加することにより議事が撹乱されるのを防止し，会社利益を保護するためのものであり，合理的理由に基づく相当程度の制限であるから，原則としてそのような定款の定めは有効である。しかし，代理人による議決権行使は，株主に議決権行使を容易にし，その行使の機会を保障するという観点から重要な権利であるから，会社利益が害されるおそれがなく，議決権の代理行使の必要性が認められる場合には，定款規定の効力が及ばないと解すべきである（最判昭43.11.1，最判昭51.12.24）。

☐ ／
☐ ／　5.　Ｂ　反対派株主が議長に暴言を吐いたり，物を投げたりし
☐ ／　　　　て妨害行為を行ってくるおそれがある場合に，従業員株
　　　　　　　主を優先的に入場させ，前列に着席させたという株主総
　　　　　　　会の議事運営の方法が，不法行為（民709）になるかに
　　　　　　　ついて説明しなさい。

☐ ／
☐ ／　6.　Ｂ　株主総会における取締役，会計参与，監査役及び執行
☐ ／　　　　役が負う説明義務（314）の内容について説明しなさい。

☐ ／
☐ ／　7.　Ｂ　株主総会において，事前の質問状に書面で一括して回
☐ ／　　　　答した場合に，説明義務違反（314）の問題が生じるかに
　　　　　　　ついて説明しなさい。

☐ ／
☐ ／　8.　Ａ　株主総会において，取締役が尽くすべき説明義務の程
☐ ／　　　　度（「必要な説明」（314本文）の程度）について説明しな
　　　　　　　さい。

☐ ／
☐ ／　9.　Ｂ　株主総会決議取消しの訴え（831）の訴訟要件について
☐ ／　　　　説明しなさい。

☐ ／
☐ ／　10.　Ａ　瑕疵が他の株主にのみ存する場合でも，株主は株主総
☐ ／　　　　会決議取消しの訴えを提起できるか（瑕疵のない株主が
　　　　　　　「株主」（831Ⅰ柱書）に該当するか）について説明しなさ
　　　　　　　い。

☐ ／
☐ ／　11.　Ｂ　株主総会決議の日から3か月以内に株主総会決議取消
☐ ／　　　　しの訴えを提起した上で，3か月経過後に新たな取消事
　　　　　　　由を追加主張することができるかについて説明しなさい。

5.　　①従業員株主を一般株主よりも先に入場させ，前列に座らせた会社の措置は合理的な理由がなく，適切ではないが，②議事運営が違法となるか否かは，株主権の行使が妨げられ，株主としての法的利益の侵害があったか否かによって決せられるべきであり，株主権の行使が妨げられ，株主としての法的利益の侵害がなかったのであれば，不法行為にならない（最判平8.11.12）。
　　※決議取消事由（「決議の方法」の「法令」「違反」（831Ⅰ①））としては，当該取扱いの必要性・相当性を問題とすることとなる。

6.　　株主総会において，株主から特定の事項について説明を求められた場合には，当該事項について必要な説明をしなければならない。ただし，当該事項が株主総会の目的である事項に関しないものである場合，その説明をすることにより株主の共同の利益を著しく害する場合その他正当な理由がある場合として法務省令で定める場合（規則71）は，この限りでない（314）。

7.　　314条は総会の場で具体的な質問がなされた場合の規定であるから，説明義務違反の問題は生じない。

8.　　平均的な株主を基準として，議題を合理的に判断するのに客観的に必要な範囲での説明をすれば足りる（東京高判昭61.2.19）。

9.　　①原告適格（「株主等」（831Ⅰ柱書）），②被告適格（「当該株式会社」（834⑰）），③提訴期間（「株主総会等の決議の日から3箇月以内」（831Ⅰ柱書）），④訴えの利益その他一般的訴訟要件。

10.　　瑕疵のために公正な決議の成立が妨げられたかもしれないという点を是正するための制度であるから，瑕疵が他の株主にのみ存する場合でも，決議取消しの訴えを提起することができる（最判昭42.9.28）。

11.　　法的安定性の観点から，3か月以内に取消しの訴えを提起した上で，3か月経過後に新たに取消事由を追加主張することはできない（最判昭51.12.24）。

□ /			
□ /	**12.**	**B**	株主総会決議取消しの訴え（831）の本案勝訴要件（取消事由）について説明しなさい。
□ /			

□ /			
□ /	**13.**	**A**	(1)「株主総会等の決議について特別の利害関係を有する者」（831Ⅰ③）の意義, 及び(2)「著しく不当な決議」（831Ⅰ③）の意義について説明しなさい。
□ /			

□ /			
□ /	**14.**	**B**	裁量棄却（831Ⅱ）の要件について説明しなさい。
□ /			

□ /			
□ /	**15.**	**B**	株主総会決議を取り消す旨の判決が確定した場合，当該決議は遡及効を有するところ（839反対解釈），この決議に基づいてなされた以下の行為の効力等をいかに解すべきかについて説明しなさい。
□ /			

(1)代表取締役がした行為の効力
(2)取締役の責任
(3)取締役の報酬（退職慰労金）
(4)剰余金配当

□ /			
□ /	**16.**	**B**	株主総会が不存在とされる具体例について説明しなさい。
□ /			

12. ①株主総会等の招集の手続又は決議の方法が法令若しくは定款に違反し、又は著しく不公正なとき（831Ⅰ①）
②株主総会等の決議の内容が定款に違反するとき（831Ⅰ②）
③株主総会等の決議について特別の利害関係を有する者が議決権を行使したことによって、著しく不当な決議がされたとき（831Ⅰ③）

13. (1)決議により他の株主と共通しない利益を取得し、又は不利益を免れる者をいう。
(2)特別利害関係株主以外の株主（少数派株主）が著しい不利益を受ける決議をいう。

14. ①株主総会等の招集の手続又は決議の方法が法令又は定款に違反するときであって、②その違反する事実が重大でなく、かつ、決議に影響を及ぼさないものであると認めるとき（831Ⅱ）。

15. (1) 取消判決の遡及効によって、当該総会決議で選任された取締役は当初から取締役でなかったこととなり、代表取締役もその地位の基礎となる取締役としての地位を失うから、同代表取締役がした行為は無権代表行為となる。もっとも、このように解すると取引の安全を著しく害するので、相手方を保護するために表見代表取締役の規定（354）を類推適用することによって保護され得る（代表取締役選任の取締役会決議が無効である事案について、最判昭56.4.24）。その要件は、①外観の存在、②外観の付与（帰責性）、③取消原因については善意無重過失であり、善意（無重過失）の対象は取消原因の有無となる。
(2) 取消判決の遡及的によって取締役の地位を喪失する。もっとも、取消判決の遡及効は法的擬制にすぎず、実体としては真の取締役が行動していた場合と何ら異なるところはないから、事実上取締役の地位にあったものとして、423条類推、429条類推によって責任を負う。
(3) 取締役の報酬請求権は株主総会決議時に具体化すると考えられる（361）から、株主総会決議がないままでは取締役に報酬を付与することはできず、報酬相当額は不当利得（民703）となる。さらに、この場合は第三者の利害を考慮する必要がないから、絶対的に無効となる。
(4) ①手続違反の剰余金配当は無効であること、②第三者の利益を考慮する必要がないことから、会社は、配当を受けた株主に対して不当利得返還請求（民703）をすることができる。

16. 総会を開催した事実や決議をした事実が全くないにもかかわらず議事録の作成や登記がなされた場合（最判昭38.8.8）、取締役会設置会社において、取締役会の決議を経ることなく代表取締役以外の取締役によって招集された場合（最判昭45.8.20）、招集通知漏れの程度が著しい場合（最判昭33.10.3）など。

3

機

関

17. B 取締役選任がなされた株主総会決議に対して取消訴訟が提起され，その訴訟係属中に，取締役が退任し新たな取締役が選任された場合，株主総会取消しの訴えの利益はどうなるかについて説明しなさい。

18. B 計算書類を承認した株主総会決議の取消訴訟の係属中に後続期の承認決議がなされた場合，訴えの利益はどうなるかについて説明しなさい。

19. B 役員選任に係る先行決議の不存在確認訴訟と後行決議の不存在確認訴訟が併合請求されている場合，訴えの利益が認められるかについて説明しなさい。

20. B 否決の株主総会決議取消しの訴えの利益が認められるかについて説明しなさい。

21. A 339条2項に規定される損害賠償責任の法的性質について説明しなさい。

22. B 339条2項の「正当な理由」が認められる具体例について説明しなさい。

17. 当該決議を取り消す必要性が消滅しているため，特別の事情がない限り，訴えの利益を欠く（最判昭45.4.2）。

18. 決議取消しの遡及効によって，遡って計算書類が未確定となるから，それを前提とする時期以降の計算書類等の記載内容も不確定なものにならざるを得ないため，当該議案について再決議がなされたなどの特別の事情がない限り，訴えの利益を欠くものではない（最判昭58.6.7）。

19. 当初の役員選任決議が不存在である場合において，その後の役員選任決議は原則として連鎖的に不存在になるから（瑕疵連鎖説，最判平2.4.17），後行決議が全員出席総会であるなどの特段の事情のない限り，訴えの利益を欠くものではない（最判平11.3.25）。

20. ①会社の組織に関する訴えについての諸規定（828以下，831，834から839）は，株主総会等の決議によって，新たな法律関係が生ずることを前提とするところ，ある議案を否決する株主総会等の決議によって新たな法律関係が生ずることはないし，当該決議を取り消すことによって新たな法律関係が生ずるものでもないこと，②否決の決議を取り消せば，304条ただし書の制限が無くなり再提案が即時にできるので，取消しの訴えの利益を肯定できるのではないかとも思えるが，否決の決議が重大な瑕疵を有する手続によってされた場合は，これは再提案の制限の前提となる否決の決議にはなり得ないとして，3年間の制限は及ばず再提案ができると解釈すべきであり，否決の決議を取り消すまでの必要はない（千葉裁判官補足意見）ことから，訴えの利益は認められない（最判平28.3.4）。

21. 株主総会による解任の自由の保障と役員等の任期に対する期待の保護との調和を目的として定められた法定責任であると解されている（大阪高判昭56.1.30）

22. ①「職務の執行に関し不正の行為又は法令若しくは定款に違反する重大な事実」（854）がある場合
②心身の故障により長期の療養を要する場合等，職務遂行を行い得ないような場合（最判昭57.1.21）
③役員等として必要な能力を著しく欠く等，著しく不適任と評価できる場合
cf. 個別の経営判断の誤りについては争いあり

3

機

関

□ □ □	／ ／ ／	**23.** A	「重要な財産の処分及び譲受け」（362Ⅳ①）又は「多額の借財」（362Ⅳ②）の要件のうち，「重要」又は「多額」の判断方法について説明しなさい。
□ □ □	／ ／ ／	**24.** B	「多額の借財」（362Ⅳ②）の要件のうち，「借財」に保証は含まれるかについて説明しなさい。
□ □ □	／ ／ ／	**25.** B	「特別の利害関係を有する取締役」（369Ⅱ）に対する取締役会の招集通知（368Ⅰ）の要否について説明しなさい。
□ □ □	／ ／ ／	**26.** A	(1)全員出席取締役会の成立要件，及び(2)全員出席総会による招集手続の瑕疵の治癒について説明しなさい。
□ □ □	／ ／ ／	**27.** A	「特別の利害関係を有する取締役」（369Ⅱ）の意義について説明しなさい。
□ □ □	／ ／ ／	**28.** A	取締役会に瑕疵がある場合，その決議の効力がどうなるかについて説明しなさい。
□ □ □	／ ／ ／	**29.** A	代表取締役が取締役会の決議なく株主総会を招集した場合の株主総会決議の効力について説明しなさい。
□ □ □	／ ／ ／	**30.** B	代表取締役が取締役会の決議なく「重要な財産の処分」（362Ⅳ①）を行った場合の効力（取締役会決議を欠く取引の効力）について説明しなさい。

23. 当該財産の価格，会社の総資産に占める割合，保有目的，処分の態様，従来の取扱等諸般の事情を総合的に考慮する（最判平6.1.20）。

24. 保証も借財と同じく債務負担行為であるから，保証も含まれる（東京高判昭62.7.30，東京地判平9.3.17など）。

25. 取締役会の審議事項は，通知の内容にかかわらず追加することが可能であるため，特別利害関係取締役が議事（審議）に参加することができるか否かにかかわらず，招集通知が必要である（東京地判昭56.9.22，東京地判昭63.8.23）。

26. (1)　①取締役会参加資格者の全員出席，②全員が取締役会との認識を有していること，③取締役会の権限事項の協議。
　　(2)　招集手続を経ていないことが違法とならない（最判昭31.6.29）。

27. 本条項の趣旨が取締役の会社に対する忠実義務の違反を事前に防止し，取締役会の議決の公正さを担保し，会社利益を保護するところにあるから，「特別の利害関係を有する取締役」（369Ⅱ）とは取締役の忠実義務違反をもたらすおそれのある，会社の利益と衝突する個人的利害関係を有する者を指す。

28. 違法であれば無効であるのが原則であるが，取締役が出席しても決議に影響がないと認めるべき特段の事情がある場合にまで無効とする必要はないため，有効となる（最判昭44.12.2）。

29. 決議不存在としても第三者の取引の安全は害されないものの，一応正当な招集権者である代表取締役により招集されていることから，取消事由となる（決議不存在となるわけではない，最判昭46.3.18）。
　　※平取締役が取締役会決議なしに総会を招集した場合は不存在となる（最判昭45.8.20）。

30. 内部的意思決定を欠くにとどまるため，原則として有効であるが，取締役会決議という内部的意思決定を欠くにもかかわらず，会社の業務に関して包括的代表権を有する代表取締役が契約を締結した点で，心裡留保類似の構造があるといえるため，民法93条ただし書の類推適用により，相手方が取締役会決議を経ていないことを知り又は知り得べかりしときに限って，無効となる（最判昭40.9.22）。
　　※近時判例は，原則として当該会社以外の者からの無効主張を認めないとした（最判平21.4.17）。

□　／
□　／　　31.　**A**　　甲株式会社の代表取締役Ａが自己の借金の返済に充て
□　／　　　　　　　　る目的で，甲会社を代表してＢ社と売買契約を締結した
　　　　　　　　　　　　場合，甲社とＢ社の売買契約は有効かについて説明しな
　　　　　　　　　　　　さい（法律上あるいは内部的制限には抵触しないものと
　　　　　　　　　　　　する）。

□　／
□　／　　32.　**B**　　表見代表取締役（354）の要件について説明しなさい。
□　／

□　／
□　／　　33.　**A**　　取締役が会社に対して負う善管注意義務（330，民644）
□　／　　　　　　　　と忠実義務（355）の関係について説明しなさい。

□　／
□　／　　34.　**B**　　監視監督義務（362Ⅱ②）の範囲について説明しなさい。
□　／

□　／
□　／　　35.　**B**　　内部統制システム構築義務（362Ⅳ⑥，Ⅴ）の内容につ
□　／　　　　　　　　いて説明しなさい。

31.　　　代表取締役が権限の範囲内で行為をしている場合には，原則として当該行為は有効である（会社に効果帰属する）。もっとも，相手方が代表取締役の「自己又は第三者の利益を図る目的」を「知り，又は知ることができたとき」（民法107）は，当該行為は無効となる（会社に効果帰属しない）（同条）。したがって，Ｂ社がＡの目的を知り，又は知ることができたときに限り，甲社とＢ社の売買契約は無効である。

32.　　　①「社長，副社長その他株式会社を代表する権限を有するものと認められる名称」の存在，②かかる名称を「付した」こと（会社がかかる名称の付与を明示，又は黙示的に認めたことをいい，取締役が僭称していただけでは足りず，名称の使用を会社が承認していたか，名称の使用を知りながら黙認していたという事情が必要），③「善意の第三者」（善意に加え，無重過失まで要求するのが判例（最判昭52.10.14））

33.　　　忠実義務は善管注意義務を具体化したもの（同質説）と考えるのが判例（最大判昭45.6.24）である。

34.　　　取締役は取締役会の一員として，取締役会に議題として上程された事項について監視監督義務を負うだけでなく（362Ⅱ②），取締役会に議題として上程されていない事項についても，監視監督義務を負う（最判昭48.5.22）。

35.　　　「取締役の職務の執行が法令及び定款に適合することを確保するための体制その他株式会社の業務並びに当該株式会社及びその子会社から成る企業集団の業務の適正を確保するために必要なものとして法務省令で定める体制」を整備する義務（362Ⅳ⑥）。大会社（2⑥）には整備が義務付けられるが（362Ⅴ），大会社でなくとも，各取締役は取締役会の一員として，善管注意義務の一内容として内部統制システムの構築義務を負っていると考えられる。

　　※1　近時は，体制整備義務及び運用義務という2つの義務に分解して検討すべきとされる（最判平21.7.9参照）。体制整備義務とは，取締役が適切な内部統制システムを構築・改善していたかの問題であり，運用義務とは，構築された内部統制システムの中で，個々の取締役がそれを機能させるべき職務を果たしていたかという問題である。

　　※2　各取締役は，相当なる内部統制システムが外形上問題なく機能している場合には，あえて疑念を差しはさむべき特段の事情がない限り，他の役職員がその報告どおりに職務を遂行しているものを信頼することが許されるとする，信頼の原則が採られている。

□ / □ / □ /	**36.**	**A**	競業取引規制の要件である「自己又は第三者のために」(356 I ①) の意義について説明しなさい。

□ / □ / □ /	**37.**	**A**	競業取引規制の要件である「会社の事業の部類に属する取引」(356 I ①) の意義について説明しなさい。

□ / □ / □ /	**38.**	**B**	会社と同種の事業を行う他の会社の代表取締役に就任する場合,「取締役が自己又は第三者のために株式会社の事業の部類に属する取引をしようとするとき」(356 I ①) に当たるとして,「株主総会」の「承認」(356 I 柱書。取締役会設置会社においては「取締役会」の「承認」(365 I)) を得ておく必要があるかについて説明しなさい。

□ / □ / □ /	**39.**	**B**	会社が現に行っていないし,準備もしていないが関心をもつはずの新規事業の機会がある場合に,取締役が自らその事業を行うことが,「取締役が自己又は第三者のために株式会社の事業の部類に属する取引をしようとするとき」(356 I ①) に当たるかについて説明しなさい。

□ / □ / □ /	**40.**	**B**	従業員の引き抜きが,「取締役が自己又は第三者のために株式会社の事業の部類に属する取引をしようとするとき」(356 I ①) に当たるかについて説明しなさい。

□ / □ / □ /	**41.**	**B**	承認なき競業取引の効力について説明しなさい。

□ / □ / □ /	**42.**	**A**	直接取引規制の要件である「自己又は第三者のために」(356 I ②) の意義について説明しなさい。

36.　　競業取引規制の趣旨が，<u>事業上の機密</u>や<u>顧客情報</u>に詳しい取締役が会社に<u>損害</u>を発生させることを防止する点にあることからして，「ために」とは，<u>計算</u>（＝経済的効果の帰属）の意味であると解するのが多数説・裁判例である（大阪高判平2.7.18）。

37.　　競業取引規制の趣旨が，<u>事業上の機密</u>や<u>顧客情報</u>に詳しい取締役が会社に損害を発生させることを防止する点にあることからして，「会社の事業の部類に属する取引」とは，会社の事業の目的たる取引より広く，それと<u>同種又は類似</u>の商品・役務を対象とする取引であって，会社の行う事業と<u>市場</u>において競合し，会社と取締役との間に<u>利益の衝突</u>をきたす可能性のある取引をいうと解すべきである。

38.　　「取引」とは<u>個々の取引行為</u>を指すところ，他の会社の代表取締役に就任すること自体は「取引」に<u>当たらない</u>が，代表取締役は日々<u>会社を代表</u>して取引することが予定されているから，代表取締役として将来行う取引について，株主総会（取締役会設置会社においては取締役会）から<u>包括的</u>「<u>承認</u>」を得ておく必要がある。

39.　　それが「株式会社の事業の部類に属する取引」でない限り<u>当たらない</u>が，<u>善管注意義務違反</u>（330，民644）や<u>忠実義務違反</u>（355）の可能性はある。

40.　　引き抜きは「<u>取引</u>」ではないため<u>当たらない</u>が，<u>善管注意義務違反</u>（330，<u>民644</u>）や<u>忠実義務違反</u>（355）の可能性はある（東京高判平元.10.26参照）。

41.　　競業取引は取締役と<u>第三者</u>との契約であるため，会社に対する<u>内部的な義務違反</u>の問題が生じるにすぎないから，相手方の<u>善意・悪意</u>を問わず，取引自体は<u>有効</u>である。

42.　　実質的な利益相反取引は，<u>間接取引</u>（356Ⅰ③）として捕捉すれば良いから，「ために」とは，<u>名義</u>を指す。

☐ ／	43. **B**	「取締役以外の者との間において株式会社と当該取締役
☐ ／		との利益が相反する取引」（356Ⅰ③）に該当するか否か
☐ ／		の判断基準について説明しなさい。

☐ ／	44. **A**	承認なき利益相反取引の効力について説明しなさい。
☐ ／		
☐ ／		

☐ ／	45. **A**	退職慰労金が「報酬等」（361）に含まれるかについて
☐ ／		説明しなさい。
☐ ／		

☐ ／	46. **A**	「報酬等」（361）の金額の決定を他の機関（ex.取締役会）
☐ ／		へ委任することはできるかについて，報酬の場合と退職
☐ ／		慰労金の場合に分けて説明しなさい。

☐ ／	47. **B**	使用人兼務の取締役の,使用人としての給与が「報酬等」
☐ ／		（361）に含まれるかについて説明しなさい。
☐ ／		

☐ ／	48. **A**	取締役の具体的報酬請求権の発生時期について説明し
☐ ／		なさい。
☐ ／		

43. 　　取引安全の観点からすれば，規制の範囲は明確にすべきであり，間接取引に該当するかどうかの判断は，外形的・客観的に会社の犠牲で取締役に利益が生じる形の行為か否かによって決する。

44. 　　①法は，利益相反取引が会社の利益を害する危険のある取引であることから，事前に会社の承認を要求することによって会社の利益が害されることを防止することを意図していること，②他方で，第三者との関係では，第三者の取引の安全を保護する必要があることから，会社が第三者の悪意を立証した場合に限り，取引を無効とする（間接取引について最大判昭43.12.25，手形取引（直接取引）について最大判昭46.10.13）。なお，悪意の対象は，利益相反取引に当たること及び承認を得ていないことである。

45. 　　①退職慰労金は在任中の報酬の後払的性格があること，②ある取締役に対する退職慰労金の金額は，現職の取締役が退任する際の基準となり，間接的なお手盛りの危険が存在することから，「報酬等」に含まれる（最判昭39.12.11）。

46. 　　わが国では金額を明らかにしない慣行があるから，白紙委任（無条件に委任すること）は許されないが，お手盛りの危険がなければ，一定の場合には，他の機関へ委任することは許されると解すべきである。具体的には，報酬の場合，報酬の総額を決定して，具体的金額の決定を取締役会に委任することは可能である（最判昭60.3.26）。また，退職慰労金の場合，①金額を合理的に算出し得る一定の基準により退職慰労金を決定する慣例が確立しており，かつ②株主がその基準を知り得る状況にあった場合には委任することも可能である（最判昭39.12.11，最判昭44.10.28，最判昭48.11.26）。

47. 　　①使用人としての給与は，取締役の職務執行の対価ではないこと，②給与体系が明確に確立されていれば，お手盛りの危険性はないことから，含まれない（最判昭60.3.26）。

48. 　　361条はお手盛りの弊害を防止するために，報酬額を定款又は株主総会の決議で定めることとし，報酬額の決定を株主の自主的な判断に委ねているから，株主総会決議時に発生する（最判平15.2.21）。したがって，たとえ内規や任用契約に支給の定めがある場合でも，株主総会の決議がない場合には取締役に報酬を付与することはできない。なお，株主総会が一任決議を行った場合は，一任決議を受けた取締役会決議時に具体化する（ただし，退職慰労金について，取締役会に裁量が全くない場合には，株主総会決議時に具体的な退職慰労金請求権が発生するとみることができる場合がある。基本金額と功労加算金が定められている場合にはさらに争いあり）。

3

機

関

□ ／
□ ／
□ ／
49. B 退職慰労金について具体的報酬請求権が発生していない場合，当該取締役は，いかなる救済を求めることができるかについて，
(1)株主総会が決議を行わない場合，
(2)株主総会が不支給決議をした場合，
(3)株主総会によって一任された取締役会が決議留保又は不支給（減額）決議を行った場合
に分けて説明しなさい。

□ ／
□ ／
□ ／
50. A 取締役の任期中に役職の変更が生じた場合に，株主総会決議により会社が一方的に報酬額の変更を行うことができるかについて説明しなさい。

□ ／
□ ／
□ ／
51. B 取締役の報酬支払後に事後的に株主総会決議によって追認することは可能かについて説明しなさい。

□ ／
□ ／
□ ／
52. B 任務懈怠責任（423Ⅰ）の要件について説明しなさい。

49.　(1)　株主総会が決議を行わない場合

　　　　①会社への請求→請求権が具体化しないうちは契約内容とならず，被侵害利益及び義務違反がないから，不法行為も債務不履行も不可。

　　　　②取締役会を招集し，自らの退職慰労金を決定する株主総会の招集を求める→何を議題として株主総会を招集するかは取締役会の裁量だから，個々の取締役には権限も義務もなく，不可。

　　　　③取締役に対する損害賠償（429）→義務違反がないし，仮に取締役会を構成する個々の取締役に株主総会の招集をする（意思決定をする取締役会を招集する）義務があるとしても，総会決議で支給決議がされるか（因果関係）は不明であり，不可。

　　　(2)　株主総会が不支給決議をした場合

　　　　決議内容が，公序良俗違反（民90），権利濫用（民1Ⅲ）に当たらない限り一切認める余地はなく，仮に，不支給決議が違法であるとしても，直ちに退職慰労金が支給できるわけではない。

　　　(3)　株主総会によって一任された取締役会が決議留保又は不支給（減額）決議を行った場合

　　　　①会社に対する請求→株主総会決議の趣旨に反する取締役会の（不）決定を代表して執行したことが違法行為（350又は民709）。

　　　　②取締役に対する請求→個々の取締役が株主総会決議で定められた支給基準（定められていない場合は内規）に従った支給を決議する義務を負うから（355，株主総会決議遵守義務），かかる義務違反があれば任務懈怠責任を負う（429）。

50.　株主総会によって決議され報酬請求権が確定すると，その報酬額は会社と取締役の委任契約の内容となり，契約当事者双方を拘束することから，原則として，当該取締役の同意がない限り，会社が一方的に報酬額を変更することはできない（最判平4.12.18）。もっとも，当該会社が役職に応じて報酬を決定しており，当該取締役も任用契約の際にこれを了知していた場合は，一方的に報酬額を減額することができる（東京地判平2.4.20）。取締役が内規や慣行を了知していた場合には，当該取締役は役職の変更があったときは同意権を放棄する旨の黙示の合意をしていたものと考えられるからである。

51.　361条1項の趣旨（お手盛りの弊害を防止し，取締役の報酬額の決定を株主の自主的判断に委ねること）は，後に株主総会の決議を経ることにより，事後的にせよ，達せられるため，特段の事情がない限り可能である（最判平17.2.15）。

52.　①「役員等」，②「任務を怠った」（任務懈怠），③「損害」，④②と③の間の因果関係（「よって」），⑤「責めに帰すべき事由」（帰責事由，民415）。

3

機

関

53. **A** 　任務懈怠責任における任務懈怠の要件と帰責事由の要件の関係について説明しなさい。

54. **A** 　取締役は法令遵守義務を負う（355）が,「法令」の範囲をどのように考えるべきかについて説明しなさい。

55. **A** 　取締役の善管注意義務違反（355, 民644）の審査手法としての経営判断原則について説明しなさい。

56. **B** 　利益供与（120Ⅰ）の要件について説明しなさい。

57. **B** 　「株主の権利の行使に関し」（120Ⅰ）の意義について説明しなさい。

53.　①民法の原則からすれば（民415），義務違反行為と帰責事由の要件は別の要件であること，②423条と428条1項を対照すれば，「任務を怠った」ことと「責めに帰することができない事由」を使い分けていることから，原則として，別の要件であると考えるべきである（任務懈怠＝義務違反行為，帰責事由＝故意・過失と考える）。
　　※ただし，二元説に立ったとしても，法令違反行為の場合を除き，事実上，2つの要件は重なることになる。

54.　①423条（及び355）は，取締役の職責の重要性にかんがみ，取締役が会社に対して負うべき責任の明確化と厳格化を図る趣旨であること，②会社が法令を遵守すべきことは当然であるから，会社をして法令に違反させることのないようにするため，その職務遂行に際して会社を名あて人とする規定を遵守することも取締役の会社に対する職務上の義務に属することから，会社を名あて人とし，会社がその業務を行うに際して遵守すべき全ての規定が含まれる（最判平12.7.7）。

55.　経営手腕の発揮に対する萎縮的効果を避けるため，①行為時の状況において，②通常の企業人を基準として，③判断の前提となった事実の認識について不注意な誤りがなかったか，④その事実に基づき意思決定の過程が著しく不合理なものでなかったかという観点から審査すべきである（最判平22.7.15参照）。

56.　①「当該株式会社又はその子会社の計算において」，②「株主の権利の行使に関し」，③「財産上の利益の供与」を行うこと（120Ⅰ）。

57.　「株主の権利行使に影響を与える趣旨で」という意味であり，①会社からみて好ましくないと判断される株主が議決権等の株主の権利を行使することを回避する目的で，当該株主から株式を譲り受けるための対価を何人かに供与する行為は，「株主の権利の行使に関し」，利益を供与する行為に当たる。また，②株主総会において現経営陣の経営方針に賛成するよう求めつつ，投票を行った株主に対して金品を提供する行為も，「株主の権利の行使に関し」に該当し得る。
　　※「株式会社が特定の株主に対して無償で財産上の利益の供与をしたとき」又は「株式会社が特定の株主に対して有償で財産上の利益の供与をした場合において，当該株式会社又はその子会社の受けた利益が当該財産上の利益に比して著しく少ないとき」には，「当該株式会社は，株主の権利の行使に関し，財産上の利益の供与をしたものと推定」される（120Ⅱ）。

3　機　関

☐ ／
☐ ／　　**58.**　B　　利益供与の効果について説明しなさい。
☐ ／

☐ ／
☐ ／　　**59.**　B　　親会社が子会社に損害を与えた場合（ex.親会社が不当
☐ ／　　　　　　に安い値段で子会社の商品を買い入れた場合）に，(1)子
　　　　　　　　　　会社債権者と(2)子会社株主はいかなる責任追及をするこ
　　　　　　　　　　とが考えられるかについて説明しなさい。

☐ ／
☐ ／　　**60.**　A　　役員等の第三者に対する責任（429）の要件について説
☐ ／　　　　　　明しなさい。

☐ ／
☐ ／　　**61.**　B　　役員等の第三者に対する責任（429）の法的性質につい
☐ ／　　　　　　て説明しなさい。

58.　①供与を受けた者の返還義務

　　　120条1項に違反して利益供与を受けた者は，その利益を会社に返還しなければならない（120Ⅲ）。

　②取締役・執行役の対価弁済義務

　　　120条1項に違反して利益供与をした場合，利益供与を行った取締役・執行役は常に，供与した利益の価額を弁済する責任を負う（120Ⅳ本文）。

　　　また，関与していない取締役・執行役についても，職務懈怠がなかったことを証明しない限り，同様の義務を負う（同ただし書）。

　　　なお，利益相当額を超える損害が会社に発生している場合，取締役・執行役は，別途任務懈怠に基づく損害賠償責任を会社に対して負う（423）。

　③監査役の損害賠償義務

　　　その任務懈怠により取締役・執行役の違法な利益供与を見逃したときは，取締役と連帯して会社に対して損害賠償の責任を負う（423・430）。

59.　(1)　子会社債権者

　　①法人格否認の法理によって親会社の責任を追及する。

　　②親会社の取締役に，事実上の取締役として対第三者責任（429Ⅰ）を追及する。

　　③株主の権利の行使に関する利益供与（120）として，債権者代位権（民423）により，親会社の責任を追及する。

　　④隠れた剰余金の配当として，分配可能額を超える部分についての返還（462Ⅰ）を求める（債権者であれば，直接自己への給付請求が可能（463Ⅱ））。

　(2)　子会社株主

　　①親会社の取締役に，事実上の取締役として対第三者責任（429Ⅰ）を追及する。この場合，「損害」の範囲が問題となる。

　　②株主の権利の行使に関する利益供与（120）として，株主代表訴訟（847，120Ⅲ）により，親会社の責任を追及する。

60.　①「役員等」，②「その職務を行うについて」，③「悪意又は重大な過失」，④「第三者」，⑤「損害」，⑥②と⑤の間の因果関係（「よって」）。

61.　　株式会社が経済社会において重要な地位を占めており，株式会社の活動は（その機関である）取締役の職務執行に依存していることから，会社に対して損害賠償責任を負うだけでは十分でなく，取締役が直接これらの第三者に対して損害賠償の責任を負うべきという観点から，法律が特別に認めた法定責任と解される（最大判昭44.11.26）。

□ □ □	／ ／ ／	62. A	法定責任説を前提に,「職務を行うについて」,「悪意又は重大な過失」（429 I）の意義について説明しなさい。

□ □ □	／ ／ ／	63. A	損害は直接損害と間接損害に分けられるが,「損害」（429 I）の範囲をいかに解すべきかについて説明しなさい。

□ □ □	／ ／ ／	64. A	名目取締役（名目だけで何ら職務を負わないという約束で取締役に就任した取締役）が「役員等」（429 I）に当たるかについて説明しなさい。

□ □ □	／ ／ ／	65. A	登記簿上の取締役（表見取締役ともいう。登記簿上に取締役又は代表取締役として登記しているが,株主総会における選任決議を経ていない者）が「役員等」（429 I）に当たるかについて説明しなさい。

□ □ □	／ ／ ／	66. A	退任取締役が「役員等」（429 I）に当たるかについて説明しなさい。

□ □ □	／ ／ ／	67. A	事実上の取締役（選任決議を経ておらず,選任登記もなされていないが,取締役として行動しているもの）が「役員等」（429 I）に当たるかについて説明しなさい。

62. 　「その職務を行うについて」とは，会社に対する任務懈怠を意味する（第三者に対する加害行為である必要はない）。
　「悪意又は重大な過失」とは，任務懈怠について存すれば足りる（損害の発生について，悪意・重過失がある必要はない）。

63. 　条文上限定がないこと，第三者保護の必要性，法定責任説からすれば，直接損害，間接損害問わず含まれるのが原則である（最大判昭44.11.26）。もっとも，①株主は，株主代表訴訟（847）によって損害を填補すれば足りること，②会社に対してのみならず，株主に対する賠償責任も負うとすると取締役が二重の責任を負うこととなり酷であること，③逆に，株主に対して賠償責任を果たした場合に，会社に対する責任を免れるとすると424条の趣旨が没却されることから，株主が請求者の場合には，「損害」の範囲は直接損害に限られる（東京高判平17.1.18，東京地判平8.6.20）。
　なお，「第三者」とは，会社・取締役以外の者を指すから，株主がこれに含まれると考えて差し支えない。

64. 　選任手続を経て正式に就任した取締役である以上，「役員等」に当たる（最判昭55.3.18）。

65. 　株主総会における選任決議を経ていない以上，取締役ではないから，「役員等」に当たらないのが原則である。もっとも，株主総会の選任決議は会社の内部事項であり，第三者にとって容易に知り得ないことが多いから，第三者を保護する必要がある。そこで，不実の登記の作出に関与した場合には，908条2項を類推し，取締役でないことを善意の第三者に対抗できない結果，「役員等」に当たる（最判昭47.6.15）。

66. 　「役員等」に当たらないのが原則であるが，取締役としての登記が残存している以上，登記を信頼した第三者を保護する必要があることから，908条2項類推適用によって，善意の第三者に対して自己が取締役でないことをもって対抗できない場合がある。もっとも，取締役は自ら退任登記をすることはできないため，同項が類推適用されるためには，辞任後も積極的に取締役としての行為を行った，不実の登記を残存させることにつき明示的に承諾していたなどの特段の事情が必要である（最判昭62.4.16）。

67. 　「役員等」に当たらないのが原則であるが，①取締役としての外観，②取締役の職務の継続的執行の2つの要件を満たした場合には，取締役としての実体があり，第三者保護の必要があることから，「役員等」に当たる（名古屋地判平22.5.14など参照）。

3

機

関

	/
	/
	/

68. **B** 株主代表訴訟において追及できる「責任」（847 I）の範囲について説明しなさい。

	/
	/
	/

69. **A** 監査役の「監査」（381 I 前段）の範囲に妥当性監査も含まれるかについて説明しなさい。

	/
	/
	/

70. **B** 監査役の兼任が禁止された者を監査役に選任する決議の効力についてどのように解すべきかについて説明しなさい。

	/
	/
	/

71. **B** 横滑り監査役（取締役であった者が取締役退任後に監査役に就任すること）の可否について説明しなさい。

	/
	/
	/

72. **B** 監査役である弁護士に対して，訴訟委任をすることができるかについて説明しなさい。

68.　①会社が責任追及を怠る可能性が高いという事情は取締役が負う一切の債務に当てはまること，②取締役の責任の追及という代表訴訟の性格や「役員等…の責任」という文言が表す意味内容からしても，取引上の債務の履行については忠実義務を負う取締役として当然行うべきであるから，取締役の責任の問題であると解することができること，③他方で，業務遂行とは関係なく行ったものについては，取締役として負っている責任の範囲からは外れることから，取締役の会社に対する責任のみならず，取締役が会社に対して負担するに至った取引上の債務も含まれるが，職務遂行とは関係なく会社に対して負った不法行為責任などについては除外される（最判平21.3.10）。

69.　①妥当性監査を認めることは，経営の円満な運営を害すること，②否定しても，「著しく不当」（384）な業務執行は善管注意義務違反を生じ（330，民644），法令違反となるから，不都合はないことから，妥当性監査は含まれない。

70.　①335条2項は，監査役の欠格事由を定めたものではないこと，②監査役選任の効力は，株主総会の選任決議のみで生ずるものではなく，被選任者が就任を承諾することによって発生するものであるから，被選任者が就任を承諾するまでに，兼任が禁止された地位を辞任していれば兼任禁止規定に触れるものではないこと，③監査役に選任された者が就任を承諾したときは，兼任が禁止される従前の地位を辞任したと解すべきであり，仮に事実上従前の地位を辞さなかったとしても，そのことは監査役としての任務懈怠責任の原因となるにとどまることから，決議は有効である（最判平元.9.19）。

71.　①（兼任禁止について）335条2項は，監査役と取締役の兼任を禁止しているが，過去に取締役であった者が監査役に就任することまでは禁止していないこと，②（未就任期間の監査について）監査役の任期を定める336条は，監査対象期間と監査役の在任期間とが完全に一致しないことを認めているといえること，③（自己が取締役であった期間の監査の可否について）監査を怠った場合には，任務懈怠責任（423，429）を追及すれば足りることから，横滑り監査役も可能である（最判昭62.4.21）。

72.　弁護士は，自己の職業として自己の責任の下に職務を遂行し，取締役の指揮命令に服するものではなく，独立性を有するから，335条2項は弁護士の資格を有する監査役が特定の訴訟事件につき会社から委任を受けてその訴訟代理人となることまでを禁止するものではなく，訴訟委任をすることができる（最判昭61.2.18）。

3
機

関

4　計算・資金調達・組織

☐ ／
☐ ／
☐ ／　**1.**　**B**　「分配可能額」（461Ⅱ）の計算方法について説明しなさい。

☐ ／
☐ ／
☐ ／　**2.**　**B**　分配可能額を超えて剰余金が配当された場合に，誰が誰に対してどのような責任を負うかについて説明しなさい。

☐ ／
☐ ／
☐ ／　**3.**　**B**　出捐者が他人名義で株式を引き受けた場合，株主は誰とみるべきかについて説明しなさい。

☐ ／
☐ ／
☐ ／　**4.**　**B**　実質説を前提として，名義書換えを行っていないときでも，出捐者が株主たる地位を主張することができるかについて説明しなさい。

☐ ／
☐ ／
☐ ／　**5.**　**A**　「特に有利な金額」（199Ⅲ）の意義について説明しなさい。

4　計算・資金調達・組織

1. 　純資産－（資本金＋準備金等）（461Ⅱ，446，計規149）
　　※10分の1は利益準備金として積み立てが強制されるため（445Ⅳ），実際に分配可能額となるのは，上記の額に11分の10を乗じたものになる。なお，純資産300万円以下の会社は配当できない（458）。

2. （1）取締役（対会社）
　　①業務執行者（462Ⅰ柱書）
　　②総会議案提案取締役（同項⑥イ）
　　③取締役会議案提案取締役（同項⑥ロ）
　　　※1　「その職務を行うについて注意を怠らなかったことを証明したとき」（462Ⅱ）又は「総株主の同意がある場合」（462Ⅲ）は免責される。
　　　※2　第三者に対しては第三者責任（429Ⅰ）を負う。
　　（2）監査役・会計監査人（423，429）
　　（3）「当該行為により金銭等の交付を受けた者」（株主）
　　①対会社（462Ⅰ）
　　　※無過失責任（462Ⅱ）
　　②対業務執行者等（462Ⅰ）
　　　※善意株主は業務執行者等からの求償義務を負わない（463Ⅰ）
　　③対会社債権者（463Ⅱ）

3. 　民法の一般原則から，事実上の引受人（名義借用者）≒出捐者が株主となる（実質説，最判昭42.11.17）。

4. 　名義書換え必要説＝集団的法律関係の画一的処理という株主名簿の制度趣旨は，承継取得のみならず，原始取得の場合にも及ぶから，名義書換えは必要であり，会社は名義書換えがなされるまでは名義人を株主として扱っても，悪意・重過失がない限り免責される。
　　名義書換え不要説＝130条は文言どおり，「株式の譲渡」にのみ適用があるから，名義書換えは不要である。

5. 　資金調達の目的からは，時価より安価な発行が必要である場合があり，一方で既存株主の保護の観点からは，できる限り時価に近い価格による発行が望ましい。そこで，「特に有利な金額」とは，公正価格と比較して特に低い金額であり，公正価格とは，資金調達の目的が達せられる限度で，旧株主にとって最も有利な価額（通常は株式の時価）をいう。

☐ ___／___
☐ ___／___
☐ ___／___
　6.　**B**　非上場会社における「特に有利な金額」（199 Ⅲ）の意義について説明しなさい。

☐ ___／___
☐ ___／___
☐ ___／___
　7.　**B**　株式発行差止請求（210）の要件について説明しなさい。

☐ ___／___
☐ ___／___
☐ ___／___
　8.　**A**　「著しく不公正な方法」（210 Ⅰ②）の意義について説明しなさい。

☐ ___／___
☐ ___／___
☐ ___／___
　9.　**B**　募集株式発行無効の訴え（828 Ⅰ②）の訴訟要件について説明しなさい。

☐ ___／___
☐ ___／___
☐ ___／___
　10.　**A**　募集株式発行無効の訴え（828 Ⅰ②）の本案勝訴要件（無効原因）について説明しなさい。

☐ ___／___
☐ ___／___
☐ ___／___
　11.　**A**　差止仮処分を無視した発行は無効となるかについて説明しなさい。

6.　　非上場会社の株価の算定については, 様々な評価手法が存在しているのであって, どのような場合にどの評価手法を用いるべきかについて明確な判断基準が確立されているというわけではなく, また, 個々の評価手法においても, ある程度の幅のある判断要素が含まれていることが少なくない。とすれば, 取締役会が, 新株発行当時, 客観的資料に基づく一応合理的な算定方法によって発行価額を決定していたにもかかわらず, 裁判所が, 事後的に, 他の評価手法を用いたり, 異なる予測値等を採用したりするなどして, 改めて株価の算定を行った上, その算定結果と現実の発行価額とを比較して「特に有利な金額」に当たるか否かを判断するのは, 取締役らの予測可能性を害することともなり, 相当ではない。そこで, 非上場会社が株主以外の者に新株を発行するに際し, 客観的資料に基づく一応合理的な算定方法によって発行価額が決定されていたといえる場合には, その発行価額は, 特別の事情のない限り,「特に有利な金額」に当たらない（最判平 27.2.19）。

7.　　①「株主が不利益を受けるおそれ」があること（210柱書）,②「法令又は定款に違反する場合」（210①）又は「著しく不公正な方法により行われる場合」（210②）

8.　　募集株式の発行は資金調達等のために行われるものであるから, 資金調達等の目的を超えて, 特定の株主の持株比率を下げること等を目的とする場合には, 不公正な発行に当たる。したがって,「著しく不公正な方法」とは, 特定株主の持株比率を低下させる等の目的が資金調達等の他の目的に優越し, それが主要目的といえる場合をいう（東京地決平元.7.25, 東京高決平16.8.4）。
　　※近時は敵対的買収等の場合に, 募集株式の発行によって買収者に対抗することに必要性と合理性が認められる限りで, 差止めを否定する方向性を示す裁判例もみられる（東京高決平17.3.23参照）。

9.　　①提訴期間＝「株式の発行の効力が生じた日から6箇月以内（公開会社でない株式会社にあっては, 株式の発行の効力が生じた日から1年以内）」（828Ⅰ②）
　　②原告適格＝「当該株式会社の株主等」（828Ⅱ②）
　　③被告適格＝「株式の発行をした株式会社」（834②）

10.　　①募集株式の発行は取引行為としての色彩が強いため, 取引の安全を保護する必要があること, ②利害関係人が多数発生するため, 法的安定性を重視すべきことから, 重大な法令・定款違反に限定する。

11.　　法が差止請求権を株主の権利として特に認めた（210）意味がなくなるため, 無効である（最判平5.12.16）。

4

計算・資金調達・組織

□ /			
□ /	**12.**	**A**	募集事項の通知・公告を欠く発行は無効となるかについて説明しなさい。
□ /			

□ /			
□ /	**13.**	**A**	著しく不公正な方法による発行は無効となるかについて説明しなさい。
□ /			

□ /			
□ /	**14.**	**A**	公開会社における株主総会特別決議を欠く有利発行は無効となるかについて説明しなさい。
□ /			

□ /			
□ /	**15.**	**A**	非公開会社における株主総会特別決議を欠く発行は無効となるかについて説明しなさい。
□ /			

□ /			
□ /	**16.**	**B**	(1)新株予約権の行使条件を取締役会に委任することができるか (2)（委任できるとして）取締役会で決定された新株予約権の行使条件を取締役会限りで廃止できるか について説明しなさい。
□ /			

□ /			
□ /	**17.**	**A**	公開会社における取締役会決議を欠く募集株式の発行は無効となるかについて説明しなさい。
□ /			

12. 募集株式の発行事項の公示をなさなかった場合，差止請求権を行使する機会が奪われるから原則として無効原因であると解すべきである。もっとも，差止原因がない場合は，株主の利益を害さないため，有効とすべきである（会社が差止原因がないことの立証責任を負う）（最判平9.1.28）。

13. ①株主は事前に差止めの機会が与えられていること，②募集株式の発行は業務執行行為に準じるものと考えられるため，著しく不公正な方法によることも内部事情にすぎないとみるべきであることから，有効である（最判平6.7.14）。

14. ①内部手続にすぎないため，利害関係人の保護が優先されるべきこと，②取締役に責任追及することによって損害を填補できる（429，民709）こと，③差止請求をすればよいことから，有効である（最判昭46.7.16）（なお，会社法下では，公開会社であっても，有利発行の場合には株主総会の特別決議が要求される（201 I，199 II III，309 II ⑤）ので，「内部手続にすぎない」という理由付けは用いにくい。）。

15. 非公開会社について，株主割当て以外の方法により募集株式を発行するためには，原則として株主総会の特別決議を要することとされ（199 II，309 II ⑤），また，募集株式発行無効の訴えの提訴期間を，公開会社においては，6か月とされているのに対し，非公開会社では1年とされている（828 I ②）。これは，非公開会社については，その性質上，持株比率の維持にかかる既存株主の利益の保護を重視し，その意思に反する株式の発行は募集株式発行無効の訴えにより救済するというのが法の趣旨である。したがって，無効である（最判平24.4.24）。

16. (1) 最判平24.4.24は，旧商法が適用される事案において，委任することができると判示した。しかし，会社法下では，新株予約権の行使条件は「新株予約権の内容」（238 I ①，同 II，239 I ①）に含まれ，新株予約権の行使条件の決定を取締役会に委任することはできないと解される（同判決寺田裁判官補足意見）。
    (2) 明示の委任がない限り，事後的に行使条件を変更する取締役会決議は，当該行使条件の細目的な変更にとどまるものであるときを除き無効である（最判平24.4.24）。

17. 内部手続にすぎないため，利害関係人の保護が優先されるべきであり，有効である（最判昭36.3.31）。

☐ ___/___　**18.**　Ⓑ　　支配株主の異動を伴う募集株式の発行等に関する特則
☐ ___/___　　　　　　　　　である通知・公告（206の2ⅠⅡ）義務に違反した新株発
☐ ___/___　　　　　　　　　行は無効となるかについて説明しなさい。

☐ ___/___　**19.**　Ⓑ　　支配株主の異動を伴う募集株式の発行等に関する特則
☐ ___/___　　　　　　　　　である株主総会決議（206の2Ⅳ）の欠缺の瑕疵ある新株
☐ ___/___　　　　　　　　　発行は無効となるかについて説明しなさい（ただし書の
　　　　　　　　　　　　　　要件は満たさないものとする）。

18. 有効説＝①募集事項の通知・公告（201Ⅲ，Ⅳ）が行われる限り，発行等の実施の事実や募集株式の数（199Ⅰ①）を知ることができるため，株主は差止めを検討する余地が全くないとはいえないこと（ただし，割当てを受ける者は通知されない（199参照）），②特別決議が必要となるわけではなく（309，206の2Ⅳ），また，反対株主が10％に満たなかった場合等には決議は不要となること，③最判平6.7.14は，発行された新株がその会社の取締役によって引き受けられ，現にその者が保有していること，会社が小規模で閉鎖的であること，といった事情があっても有効とする。よって，有効である。

　　無効説＝①通知・公告義務違反は，事前の株主の差止めの機会を奪うものであること（最判平9.1.28参照），②支配株主の異動を伴う株式発行は，会社の基礎の変更に当たるため，株主が被る不利益は，有利発行のような純粋な経済的不利益ではないこと（最判昭46.7.16参照），③発行株式は支配株主の下にとどまっていることが通例であるから，取引安全への配慮が不要である。よって，無効である。

19. 有効説＝①株主総会の普通決議が必要となるにすぎないこと（309，206の2Ⅳ），②通知・公告により特定引受人に係る情報が公示されているため，差止めを検討する契機が株主に与えられていること，③「当該公開会社の財産の状況が著しく悪化している場合において，当該公開会社の事業の継続のため緊急の必要があるとき」（206の2Ⅳただし書）に当たるか否かは，不明確で，無効事由となると解すると法的安定性を欠く。よって，有効である。

　　無効説＝①支配株主の異動を伴う株式発行は，会社の基礎の変更に当たるため，株主が被る不利益は，有利発行のような純粋な経済的不利益ではないこと（最判昭46.7.16参照），②発行株式は支配株主の下にとどまっていることが通例であるから，取引安全への配慮が不要であること，③会社には反対通知が10分の1以上の議決権比率に達したことを開示する義務がなく，株主がそれを知る手段を有さないため，事前の差止めは難しいこと，④本特則は，だれが支配株主であるかということについての期待を一定程度保護するものということができるから，非公開会社において，株主総会決議を経ないでなされる発行等に近いと考えるべきである。よって，無効である。

4

計算・資金調達・組織

☐ ／
☐ ／   **20.** **B**   新株予約権無償割当てと敵対的買収に関して,
☐ ／   (1)差止請求権の根拠
            (2)法令・定款違反（247①）として考えられる事由（敵
               対的買収を行った者は非適格者として新株予約権を
               行使できないとする条項が付されていたとする）及
               びそれが認められるか否かに関する判断基準
            (3)「著しく不公正な方法」（247②）の意義及びそれが
               認められるか
            について説明しなさい（最決平19.8.7参照）。

☐ ／
☐ ／   **21.** **B**   「事業…譲渡」（467Ⅰ①②）の意義について説明しなさ
☐ ／   い。

☐ ／
☐ ／   **22.** **B**   株主総会特別決議を欠く事業譲渡の効力について説明
☐ ／   しなさい。

20. (1) 新株予約権の無償割当てについて，247条に相当する規定が設けられていないのは，新株予約権の無償割当ての場合，原則として株主の有する株式数に応じて割当てが行われるため，株主において不利益を受けることはないと考えられたからにすぎない。したがって，無償割当てが株主の地位に実質的変動を及ぼすときには，新株予約権の発行の差止請求の規定である247条の規定が類推適用される。

(2) 株主平等原則違反（109Ⅰ）が考えられるところ，①株主平等原則は，株主は株主たる資格において会社から平等の待遇を与えられなければならない（機会の均等，比例的平等）というものであるから，新株予約権者間で差別的な取扱いをすることを内容とする新株予約権が発行されたからといって，直ちに株主平等原則との抵触が問題となるわけではないが，②新株予約権の無償割当ての場合，株主は株主としての資格に基づきその割当てを受けるし，法も新株予約権の内容が同一であることを当然の前提としている（278Ⅱ等）から，株主平等原則（の趣旨）は，新株予約権の無償割当ての場合にも及ぶ。しかし，株主平等原則が保護の対象とする個々の株主の利益は，会社の存立，発展なしには考えられないため，会社の企業価値が毀損され，株主の共同の利益が害されるような場合にまで，厳格に株主平等原則を貫くことは適当ではない。そこで，会社の企業価値が毀損され，株主の共同の利益が害されるような場合には，衡平の理念に反し，相当性を欠くというような事情がない限り，差別的取扱いも株主平等原則（の趣旨）に反しない。

※判例は，会社の企業価値が毀損され，株主の共同の利益に反するか否かは，判断の正当性を失わせるような重大な瑕疵が存在しない限りは，最終的には株主に判断権があるとしている（最決平19.8.7）。

(3) 新株予約権は必ずしも資金調達の目的でなされるわけではなく，多種多様な目的でなされるから，「著しく不公正な方法」であるか否かは，当該目的実現のために必要性・相当性が認められるかという基準をもって判断すべき。

21. ①法解釈の統一性，並びに②法律関係の明確性及び取引の安全保護の要請から，(1)一定の事業目的のため組織化され，有機的一体として機能する財産の全部又は重要な一部を譲渡し，(2)これによって，会社がその事業活動の全部又は重要な一部を譲受会社に受け継がせ，(3)会社が法律上当然に競業避止義務（21）を負う結果を伴うものをいう（最大判昭40.9.22）。

ただし，競業避止義務は当事者の特約で排除が可能であるから，(3)は不可欠の要件ではないと解すべきであり，その旨の明示の契約がなくても譲渡会社が21条1項により競業避止義務を負うことになるような取引が事業の譲渡であるにとどまる。

22. 株主を保護する必要がある反面，事業譲渡に当たる場合は限定的であるから，相手方は調査すべきであって，当然無効となる（相手方の善意・悪意を問わない）（最判昭61.9.11）。

□ / □ / □ /	**23.** Ｂ 組織再編行為における無効の訴え（828Ⅰ⑦等）の訴訟要件について説明しなさい。

□ / □ / □ /	**24.** Ａ 組織再編行為における無効の訴え（828Ⅰ⑦等）の本案勝訴要件（無効事由）について説明しなさい。

□ / □ / □ /	**25.** Ａ 契約内容の不当性（ex. 合併比率の不公正）は無効事由となるかについて説明しなさい。

□ / □ / □ /	**26.** Ｂ 組織再編に必要な株主総会に瑕疵があったにもかかわらず，組織再編の効力が発生していた場合に，承認決議の取消しの訴えを提起することは可能かについて説明しなさい。

□ / □ / □ /	**27.** Ｂ 詐害的な会社分割に対する詐害行為取消権の行使に関して，会社分割が「財産権を目的としない法律行為」（民424Ⅱ）に当たるかについて説明しなさい。

23.　①提訴期間（828 I ⑦等），②原告適格（828 II ⑦等），③被告適格（834 ⑦等）

24.　①組織再編行為は一旦効力が発生すると多数の利害関係人が発生するため，できる限り法的安定性を図るべきこと，②無効主張が認められても遡及効が否定されていること（839）や，無効主張が訴えによるべきこと，原告適格が法定されていること等（828 I 柱書，828 II）からしても，できる限り法的安定性を守るべきとの要請がうかがえることから，重大な手続上の瑕疵があることに限定される。

25.　利害関係の対立する当事者間では甘受すべきであるし，反対株主には株式買取請求権が認められているから，契約内容に不満な株主はかかる請求権を行使すればよいため，無効事由にならない。ただし，その承認決議に取消原因が認められる場合には，重要な手続上の瑕疵が存在することになるから，無効原因を構成する。

26.　承認決議は組織再編行為の一要素であるから，効力発生後に承認決議の取消しの訴えを提起することはできず，無効の訴えのみによるべき（現に係属中の場合は，訴えの変更（民訴143）の手続をとるべき）。
　※ただし，決議の日から3か月という期間制限がかかる（通説）。

27.　①会社分割は，分割会社がその事業に関して有する権利義務の全部又は一部を存続会社等や設立会社に承継させる法律行為であって，財産権を目的とする法律行為たる性質を併有すること，②会社法には，会社分割が詐害行為取消権行使の対象となることを否定する明文の規定はないこと，③分割会社に対して債務の履行を請求できる債権者は債権者保護手続の対象とされていないため（789 I ②，810 I ②），これらの債権者については詐害行為取消権によってその保護を図る必要性がある場合があることから，「財産権を目的としない法律行為」には当たらない（最判平24.10.12）。

5 手形・小切手

□ ／
□ ／　**1.**　**B**　白地手形の意義について説明しなさい。
□ ／

□ ／
□ ／　**2.**　**A**　白地手形と無効手形をどのように区別するかについて
□ ／　　　　説明しなさい。

□ ／
□ ／　**3.**　**B**　白地手形を補充をすることなく支払呈示をした場合の
□ ／　　　　効果について説明しなさい。

□ ／
□ ／　**4.**　**B**　白地補充権はいつ消滅時効にかかるかについて説明し
□ ／　　　　なさい。

□ ／
□ ／　**5.**　**A**　手形行為独立の原則（7）の理論的根拠について説明
□ ／　　　　しなさい。

5　手形・小切手

1.　　　ある者が必要的記載事項の全部又は一部を空白にしたまま，その空白とした要件を後日取得者に補充させる意思で，手形行為者として署名した証券（主観説）。白地手形には，空白にされた手形要件を補充する権利（白地補充権）と，補充を停止条件とする未完成の手形上の権利という，2つの権利が表章されている。

2.　　　主観説＝白地手形の作成も手形行為であり，法律行為の一種であるから，その成否は振出人の意思に求めるべきであるため，手形署名者が補充権を与える意図で振り出したか否かで区別すべきである。
　　　　　客観説＝書面の外観上補充を予定されているか否かで区別すべきである。
　　　　　折衷説＝具体的に補充権を与えた場合はもちろん，補充権授与の具体的意図がなくても，書面の外形上，欠けている要件が将来補充を予定されているものと認められる場合には，署名者がそのような書面であることを認識し，又は認識すべくして署名がされれば白地補充権が発生すると解すべきである。

3.　　　未完成手形であるから，無効である（手形金の支払請求について最判昭41.6.16など，遡求権保全について最判昭41.10.13）。
　　　　　※白地手形のままでも，時効は中断する（受取人白地の手形について最大判昭41.11.2，振出日白地の手形について最大判昭45.11.11）。

4.　　　満期白地の場合の白地補充権は，商行為に準じるものとして（商501④），手形上の権利に関する時効期間の定めは適用されず，民法の一般原則である166条1項が適用される。そして，商行為によって生じた債権については，通常は「権利を行使することができる時」（民166Ⅰ②）に「権利を行使することができることを知った」（民166Ⅰ①）といえる。したがって，当該手形を行使することができる時から5年の消滅時効にかかる（最判昭44.2.20）。他方，満期白地の場合以外の白地補充権は，満期から3年の時効にかかる。

5.　　　政策説＝一般原則からは無効となる行為を政策的に有効としたもの。
　　　　　当然説＝手形行為（債務負担）では先行する他の手形行為が有効であることは前提でなく，手形行為は他の手形行為とは関係なく独立の意思をもってなされるものであるから，手形行為独立の原則は当然の理論的帰結である。

□ /	6.	Ⓑ	AがBを受取人として約束手形を振り出し，BはCに裏書譲渡したが，その後Bは未成年を理由に裏書を取り消した。しかし，いまだ手形がCの手元にあるうちに，Cがかかる事情につき悪意のDに裏書譲渡した。この場合に，DがCに対して手形金の請求ができるかについて説明しなさい。

□ /	7.	Ⓑ	機関方式による法人の署名（法人の代表者が直接会社名による署名を行った場合）は，75条7号にいう「署名」として認められるかについて説明しなさい。

□ /	8.	Ⓑ	会社の代表者が，会社名と個人名をともに署名して記載した場合（ex.Y株式会社A），「振出人」（75⑦）をいずれとみるべきかについて説明しなさい。

□ /	9.	Ⓑ	手形が偽造された場合，無権代理人の責任（77Ⅱ，8）が類推適用されるかについて説明しなさい。

□ /	10.	Ⓑ	手形が偽造された場合，民法上の追認・表見代理の規定が類推適用されるかについて説明しなさい。

□ /	11.	Ⓑ	受取人欄が変造された場合，裏書の連続を肯定した上で，善意取得することが可能かについて説明しなさい。

6. 手形行為独立の原則の適用を否定する立場＝（政策説から）手形行為独立の原則は，手形の善意取得者又はこれに準じて取り扱うべき受取人にのみ認められるべきであり，悪意のDがCに対して手形金請求をすることはできない。
手形行為独立の原則の適用を肯定する立場＝①（当然説から）手形債務を負担することと誰に対して負担するかは別の問題であるから，権利行使ができるのは手形上の権利を取得した者のみであって，善意取得（16Ⅱ）していないDがCに対して手形金請求をすることができないことは当然。

7. 代理の場合と異なり，機関の法律行為を離れて別に法人の法律行為があるわけではないから，機関方式による法人の署名は「署名」として認められない（最判昭41.9.13）。

8. 手形が文言証券であることからすれば，手形上の記載のみによって判断すべきところ，この場合，法人名義とも個人名義とも解することができ（最判昭47.2.10），真実いずれの趣旨なのかは，人的抗弁になるにすぎない。

9. 無権代理人の責任は，責任負担のための署名による責任ではなく，名義人本人が手形上の責任を負うかのように表示したことに対する担保責任であり，偽造の場合も，この点については無権代理と有意な差はないから，無権代理人の責任（77Ⅱ，8）が類推適用される（最判昭49.6.28）。ただし，偽造につき悪意の第三者に対しては責任を負わない（最判昭55.9.5，重過失の場合には触れていない）。

10. 表見代理の規定は，第三者の代理権への信頼，ひいては取引の安全を保護するための規定であるから，その必要があるかぎり，類推適用を肯定すべきであること，無権代理と偽造の区別は，手形面上から形式的になされるから，その差異は有意なものではないことから，民法上の追認・表見代理の規定が類推適用される（最判昭43.12.24）。

11. 受取人欄の記載の変更も「変造」（77Ⅰ⑦，69）に当たるが，同条は変造があっても一旦成立した手形債務の内容に影響を及ぼさない旨を明らかにしたにすぎず，手形面上，原文言が残存しているものとみなす趣旨ではないから，裏書の連続が肯定されて，善意取得が可能である（最判昭49.12.24）。

□ ／
□ ／　12.　**B**　手形行為の成立には手形の交付が必要かについて説明
□ ／　　　　しなさい。

□ ／
□ ／　13.　**A**　手形行為に民法上の意思表示の規定が適用されるかに
□ ／　　　　ついて説明しなさい。

□ ／
□ ／　14.　**B**　原因関係が利益相反取引（会社356 I ②，③，365 I）
□ ／　　　　として取締役会の承認が必要な場合，原因関係に関して
　　　　　　　は承認を経ているとき，その支払行為たる手形行為につ
　　　　　　　いて重ねて承認を要するのかについて説明しなさい。

□ ／
□ ／　15.　**B**　戻裏書（77 I ①，11 Ⅲ）の法的性質について説明しな
□ ／　　　　さい。

□ ／
□ ／　16.　**B**　Aは，Bに対して約束手形を振り出したが，Bに対し
□ ／　　　　て手形金の支払を拒み得る人的抗弁を有していた。その
　　　　　　　後，Bがかかる抗弁について善意のCにこの手形を裏書
　　　　　　　譲渡し，さらにCからBに戻裏書がなされた。この場合，
　　　　　　　AはBの手形金請求を拒むことができるかについて説明
　　　　　　　しなさい。

12. 交付契約説（必要説，通説）＝手形行為は，署名者と相手方との交付契約による
手形の授受が必要となる契約の一種であり，手形の交付がない場合には，契約
の成立が認められないから，交付が必要である。
　　※①有効に手形債務を負担したかのような外観を作出した点について手形署名
　　　者に帰責性があり，②第三者がその外観を重過失なく信頼した場合には手形
　　　法10条を類推適用して署名者は手形債務を負担するものとする。
創造説（有力説，不要説）＝①取引の安全を保護すべきこと，②手形行為は手形
署名とともに完成する，相手方のない単独行為（自己に対する権利を発生させ
て手形に結合する行為）であることから，交付は不要である。
　　※創造説のうち，さらに手形行為（振出し）を債務負担面と権利移転面に分け
　　　て考える立場がある（二段階創造説）。

13. 全面的に適用がある。
　　※取消し後の第三者については，民法94条2項を類推適用する。また，強迫
　　　については，第三者保護規定がないため，民法96条3項を類推適用すべき
　　　であるとする立場がある。

14. 手形の振出しは，抗弁の切断など（77Ⅰ①，17ただし書）原因関係上の債務と
同視できない厳格な債務の負担行為であるから，原則として必要である。
　　※例外的に，会社の承認が不要となる場合がある（ex. 株式会社が取締役か
　　　ら無利息で金員を借り受けた場合に，その返済債務の履行として株式会社が
　　　取締役に対し約束手形を振り出すとき（最大判昭46.10.13の松本裁判官意
　　　見参照））。

15. 通常の裏書譲渡がなされた場合と同様に考える（通説）。

16. 人的関係に基づく抗弁は，手形そのものに付着する抗弁ではなく，人そのものに
付着する抗弁であるから，抗弁を主張できる。

□ /			
□ /	**17.**	**B**	隠れた取立委任裏書の法的性質について説明しなさい。
□ /			

□ /			
□ /	**18.**	**B**	裏書の連続の判断方法について説明しなさい。
□ /			

□ /			
□ /	**19.**	**A**	裏書が不連続の場合，全ての権利移転の過程を証明しなければ権利行使が認められないかについて説明しなさい。
□ /			

□ /			
□ /	**20.**	**B**	善意取得（77Ⅰ①，16Ⅱ）の範囲は無権利者から取得した場合に限られるかについて説明しなさい。
□ /			

□ /			
□ /	**21.**	**A**	「害スルコトヲ知リテ」（77Ⅰ①，17ただし書）の意義について説明しなさい。
□ /			

□ /			
□ /	**22.**	**A**	Aは，Bに対する買掛金債務の支払のため，Bを受取人とする約束手形を振り出し，BはCに対する売買代金支払のためその手形をCに裏書譲渡した。その後，Cが売買目的物を引き渡さないため，Bは売買契約を解除した。しかし，Cは手形を返還せず，Aに対して手形金の請求をしている。この場合，AはCの請求を拒むことができるかについて説明しなさい。
□ /			

17. 　取立委任裏書の形式を採らず，あえて譲渡裏書の形式を採った以上，被裏書人はそれによる不利益（債務者の被裏書人・受任者に対する抗弁をもって対抗されること）を被ってもやむを得ない。したがって，通常の裏書譲渡と同様に解すべきであり，取立委任契約は人的抗弁となるにすぎない（最判昭31.2.7，最判昭44.3.27）。ただし，受任者は独立の経済的利益を有しないから，振出人は，受任者が善意でも委任者に対する人的抗弁をもって対抗できる（最判昭39.10.16）。

18. 　手形の記載から形式的・外形的になすべきであるが，社会通念によって記載を解釈することは認められる。

19. 　権利推定（77Ⅰ①，16Ⅰ）は個々の裏書のもつ資格授与的効力の集積によるものであるから，裏書不連続部分についてのみ実質的権利移転の立証を求めれば全体として裏書の連続があるものと扱ってよい。したがって，裏書の連続が認められない部分のみ，実質的な権利移転の過程を証明すれば足りる（架橋説。最判昭31.2.7）。

20. 　限定説＝民法の即時取得（民192）とパラレルに考え，無権利者からの取得の場合に限る。
　　非限定説＝手形取引の安全，16条2項の文言（手形の占有を失った事由を問わない）から，無権利者からの取得の場合に限られない。
　　※最判昭35.1.12は，非限定説の立場に立つと解する立場もあるが，特殊な事案に関するものであり，限定説を排除するものではないという評価もある。

21. 　①17条ただし書の文言，②満期において債務者が抗弁を主張し得る可能性があっても，債務者が抗弁を主張するとは限らないため，害意の有無の判断は，手形取得時になされるのに対し，債務者の抗弁権が実際に行使されるのは満期以後の権利行使時であり，そこにタイムラグがあることからすれば，「債務者ヲ害スルコトヲ知リテ」とは，所持人が手形を取得するに当たり，手形の満期において，手形債務者が所持人の直接の前者に対して抗弁を主張し，支払を拒むことは確実であるという認識を有していた場合をいう（河本フォーミュラ。通説）。

22. 　原則としてBの解除の抗弁は人的抗弁であるから，Aは主張できない。
　　しかし，BC間の売買契約は解除されているから，実質的にみればCの利得は不当利得であり，いずれ返還しなければならないもの（民704）である。そこで，Cの請求は権利濫用として封じられる（民1Ⅲ）（最大判昭43.12.25）。

5
手形・小切手

☐ ／
☐ ／ **23.** **A**   上記事例で，ＡＢ間の原因関係も消滅した場合は，Ａ
☐ ／   はＣの請求を拒むことができるかについて説明しなさい。

☐ ／
☐ ／ **24.** **A**   融通手形にも手形法17条の適用はあるかについて説明
☐ ／   しなさい。

☐ ／
☐ ／ **25.** **A**   被保証人と手形所持人との間における原因関係が消滅
☐ ／   したが，手形所持人が手形を保有していることを奇貨と
    して，手形保証人に対して手形金請求を行ったという事
    例において，手形保証人はかかる請求を拒むことができ
    るかについて説明しなさい。

☐ ／
☐ ／ **26.** **A**   支払人の免責（77Ⅰ③，40Ⅲ）の要件である支払人に「悪
☐ ／   意」・「重大ナル過失」がないことの意義について説明し
    なさい。

☐ ／
☐ ／ **27.** **B**   利得償還請求（85）の法的性質について説明しなさい。
☐ ／

☐ ／
☐ ／ **28.** **B**   ＡがＢに対する債務の支払のために手形を振り出し，
☐ ／   ＢがＣに対する債務の支払に代えて裏書したが，手形上
    の権利が時効消滅し，ＣはＡに対して利得償還を請求し
    た場合，誰に利得があるのかについて説明しなさい。

☐ ／
☐ ／ **29.** **B**   白地手形について除権決定を得た手形所持人の地位に
☐ ／   ついて説明しなさい。

23.　被裏書人Ｃは人的抗弁の切断による利益を享受すべき地位にはないから，17条の適用が排除されるため，支払を拒むことができる（最判昭45.7.16）。

24.　融通手形の抗弁も人的抗弁の一種であるから17条の適用がある（判例も結論は同様（理論構成は不明）（最判昭34.7.14））。

25.　①原則としては，手形保証債務は独立性を有するから，原因関係が消滅したとしても影響を受けないが，請求を認めると，手形保証人，被保証人，所持人との間で無意味な求償・不当利得関係が繰り返されること，②被保証人と所持人との間の原因関係が消滅した以上，所持人は被保証人に対してのみならず，保証人に対しても権利を行使すべき実質的理由を失ったといえることから，所持人の請求は，権利の濫用（民1Ⅲ）に当たるため，これを拒むことができる（最判昭45.3.31）。

26.　①裏書が連続している場合，所持人は権利者であると推定され（77Ⅰ①，16Ⅰ），債務者は支払を強制される立場にあるから，単に所持人の無権利を知っている（重過失がある）のみで免責されないのでは不都合であること，②証明が容易か否か分からない場合に免責を認めないとすれば，支払えば二重払の強制のおそれ，支払わなければ債務不履行のおそれが生じることとなることから，「悪意」とは，所持人の無権利を知っており，かつそれを立証し得る確実な証拠を有していながら故意に支払うことを指し，「重大ナル過失」とは，通常の調査をすれば所持人の無権利を知り，かつその立証方法を入手できたのに，これを怠り無権利者に支払ったことを意味する（詐欺説，最判昭44.9.12）。

27.　手形上の権利がその請求の相手方又は請求金額につき減縮したもの（変形物説。最判昭42.3.31）。

28.　ＣのＢに対する原因関係上の債権及びＣのＡに対する手形上の権利が消滅することにより，ＢがＣから請求されないことが確定すると，Ｂの確定的な対価の取得によって，ＡＢ間の原因関係が消滅すると考えることができるため，Ａは手形をＢに振り出して得た対価を「ただで」保持できることになる。したがって，Ａに利得がある（最判昭43.3.21）。

29.　除権決定は喪失した白地手形の取得者の権利行使を妨げるだけだから，白地手形である以上そのままでは権利行使できない（最判昭51.4.8）。

□ ／
□ ／　　**30.** Ｂ　　公示催告が申し立てられている手形について，除権決
□ ／　　　　　　　定がなされる以前に善意取得した者が，権利を争う旨の
　　　　　　　　　　　申述の終期までに権利を争う旨の申述をしなかったため
　　　　　　　　　　　に除権決定がなされた場合，善意取得者の地位はどうな
　　　　　　　　　　　るかについて説明しなさい。

30.　　①手形が善意取得されたときは，当該手形の従前の所持人はその時点で手形上の権利を喪失するから，その後に除権決定を得たとしても，当該手形を所持すると同一の地位を回復するにとどまり，手形上の権利までを回復するものではないこと，②手形の公示催告手続における公告の現状からすれば，除権決定により善意取得者が手形上の権利を失うとするのは手形の流通保護の要請を損なうおそれがあることから，除権決定は，手形上の権利と証券との結合を解くにすぎず，善意取得者は権利を失わない（最判昭47.4.6，最判平13.1.25）。

5
手形・小切手

重要判例要旨一覧

アガルート講師陣が重要と考える商法の判例をセレクトし，特に記憶してほしいキーワード及び結論部分を強調している。赤シートを用いることにより，穴埋め問題の形式になる。

□ ／ □ ／ □ ／

最判昭44.2.27

事 案

Xは，Aとの間で，店舗を明け渡す旨の裁判上の和解が成立したことに伴い，Yに対して，店舗の明渡し等を請求した。

要 旨

「法人格の付与は社会的に存在する団体についてその価値を評価してなされる立法政策によるものであつて，これを権利主体として表現せしめるに値すると認めるときに，法的技術に基づいて行なわれるものなのである。従つて，法人格が全く形骸にすぎない場合，またはそれが法律の適用を回避するために濫用されるが如き場合においては，法人格を認めることは，法人格なるものの本来の目的に照らして許すべからざるものというべきであり，法人格を否認すべきことが要請される場合を生じるのである。そして，この点に関し，株式会社については，特に次の場合が考慮されなければならないのである。

思うに，株式会社は準則主義によつて容易に設立され得，かつ，いわゆる一人会社すら可能であるため，株式会社形態がいわば単なる藁人形に過ぎず，会社即個人であり，個人則会社であつて，その実質が全く個人企業と認められるが如き場合を生じるのであつて，このような場合，これと取引する相手方としては，その取引がはたして会社としてなされたか，または個人としてなされたか判然しないことすら多く，相手方の保護を必要とするのである。ここにおいて次のことが認められる。すなわち，このような場合，会社という法的形態の背後に存在する実体たる個人に迫る必要を生じるときは，会社名義でなされた取引であつても，相手方は会社という法人格を否認して恰も法人格のないと同様，その取引をば背後者たる個人の行為であると認めて，その責任を追求することを得，そして，また，個人名義でなされた行為であつても，相手方は……，直ちにその行為を会社の行為であると認め得るのである。けだし，このように解しなければ，個人が株式会社形態を利用することによつて，いわれなく相手方の利益が害される虞があるからである。

今，本件についてみるに，……Xは，その所有する本件店舗を，……契約書の文言によればYを賃借人とし，これに対し……賃貸したところ，Yは本来Aが同人の経営した「D屋」についての税金の軽減を図る目的のため設立した株式会社で，A自らがその代表取締役となつたのであり，会社とはいうものの，その実質は全くAの個人企業に外ならないものであつて，Xとしても，「D屋」のAに右

店舗を賃貸したと考えていたこと，Ｘが右店舗を自己の用に供する必要上，……その店舗の明渡を請求したときも，Ａが……必ず明渡す旨の個人名義の書面をＸに差し入れたこと，しかるに，その明渡がされないので，ＸはＡを被告として右店舗明渡の訴訟を提起し，……当事者間にＡは……その明渡をなすべき旨の裁判上の和解が成立したというのである。しかして，今，右事実を前示説示したところに照らして考えると，Ｙは株式会社形態を採るにせよ，その実体は背後に存するＡ個人に外ならないのであるから，ＸはＡ個人に対して右店舗の賃料を請求し得，また，その明渡請求の訴訟を提起し得るのであつて……，ＸとＡとの間に成立した前示裁判上の和解は，Ａ個人名義にてなされたにせよ，その行為はＹの行為と解し得るのである。しからば，Ｙは，……右店舗を被上告人に明渡すべきものというべきである。」

□＿／＿ □＿／＿ □＿／＿

最判平27.2.19

事 案

　Yの発行済株式の総数は3000株であるところ，3000株のうち2000株は，Aが保有していたが，Aが平成19年に死亡したため，X及びBが法定相続分である各2分の1の割合で共同相続した。Aの遺産の分割は未了であり，上記2000株は，XとBとの準共有に属する。

　Bは，Yの臨時株主総会において，上記準共有株式の全部について議決権の行使をした。Yの発行済株式のうちその余の1000株を有するCも，本件総会において，議決権の行使をした。他方，Xは，本件総会に先立ち，その招集通知を受けたが，Yに対し，当該株主総会には都合により出席できない旨及び当該株主総会を開催しても無効である旨を通知し，当該株主総会には出席しなかった。

　当該株主総会において，上記各議決権の行使により，①Dを取締役に選任する旨の決議，②Dを代表取締役に選任する旨の決議並びに③本店の所在地を変更する旨の定款変更の決議及び本店を移転する旨の決議がされた。

　上記準共有株式について，会社法106条本文の規定に基づく権利を行使する者の指定及びYに対するその者の氏名又は名称の通知はされていなかったが，Yは，当該株主総会において，上記議決権行使に同意した。

　そこで，Xが，当該株主総会決議の取消しを請求する訴えを提起した。

要 旨

　「会社法106条本文……は，共有に属する株式の権利の行使の方法について，民法の共有に関する規定に対する『特別の定め』（同法264条ただし書）を設けたものと解される。その上で，会社法106条ただし書……の文言に照らすと，株式会社が当該同意をした場合には，共有に属する株式についての権利の行使の方法に関する特別の定めである同条本文の規定の適用が排除されることを定めたものと解される。そうすると，共有に属する株式について会社法106条本文の規定に基づく指定及び通知を欠いたまま当該株式についての権利が行使された場合において，当該権利の行使が民法の共有に関する規定に従ったものでないときは，株式会社が同条ただし書の同意をしても，当該権利の行使は，適法となるものではないと解するのが相当である。

　そして，共有に属する株式についての議決権の行使は，当該議決権の行使をもって直ちに株式を処分し，又は株式の内容を変更することになるなど特段の事情のない限り，株式の管理に関する行為として，民法252条本文により，各共有者の持分の価格に従い，その過半数で決せられるものと解するのが相当である。

　これを本件についてみると，本件議決権行使は会社法106条本文の規定に基づ

く指定及び通知を欠いたままされたものであるところ，本件議決権行使の対象となった議案は，①取締役の選任，②代表取締役の選任並びに③本店の所在地を変更する旨の定款の変更及び本店の移転であり，これらが可決されることにより直ちに本件準共有株式が処分され，又はその内容が変更されるなどの特段の事情は認められないから，本件議決権行使は，本件準共有株式の管理に関する行為として，各共有者の持分の価格に従い，その過半数で決せられるものというべきである。

　そして，前記事実関係によれば，本件議決権行使をしたBは本件準共有株式について2分の1の持分を有するにすぎず，また，残余の2分の1の持分を有するXが本件議決権行使に同意していないことは明らかである。そうすると，本件議決権行使は，各共有者の持分の価格に従いその過半数で決せられているものとはいえず，民法の共有に関する規定に従ったものではないから，Yがこれに同意しても，適法となるものではない。

　以上によれば，本件議決権行使が不適法なものとなる結果，本件各決議は，決議の方法が法令に違反するものとして，取り消されるべきものである。」

☐ ／　☐ ／　☐ ／

最判昭44.12.2

事案

　D及びEに対して取締役会の招集通知がなされなかったために，取締役会決議の効力が争われた。

要旨

　「取締役会の開催にあたり，取締役の一部の者に対する招集通知を欠くことにより，その招集手続に瑕疵があるときは，特段の事情のないかぎり，右瑕疵のある招集手続に基づいて開かれた取締役会の決議は無効になると解すべきであるが，この場合においても，その取締役が出席してもなお決議の結果に影響がないと認めるべき特段の事情があるときは，右の瑕疵は決議の効力に影響がないものとして，決議は有効になると解する……。

　しかるところ，……右取締役会に出席しなかつた訴外Dおよび同Eに対しては取締役会の招集通知がなされなかつたが，右Dはいわば名目的に取締役に名を連ねているにすぎず，したがつて，同人らに対して適法を招集通知がなされ，同人らが取締役会に出席しても，前記承認の意思決定に影響がなかつたものと認められる……。」

□／□／□／

最判平4.12.18

事 案

　Y取締役会において，Xの同意を得ることなく，常勤取締役から非常勤取締役に変更する旨の決議がされ，Y株主総会において報酬を変更する旨の決議がされたところ，Xは，報酬を求めて訴訟を提起した。

要 旨

　「株式会社において，定款又は株主総会の決議（株主総会において取締役報酬の総額を定め，取締役会において各取締役に対する配分を決議した場合を含む。）によって取締役の報酬額が具体的に定められた場合には，その報酬額は，会社と取締役間の契約内容となり，契約当事者である会社と取締役の双方を拘束するから，その後株主総会が当該取締役の報酬につきこれを無報酬とする旨の決議をしたとしても，当該取締役は，これに同意しない限り，右報酬の請求権を失うものではないと解するのが相当である。この理は，取締役の職務内容に著しい変更があり，それを前提に右株主総会決議がされた場合であっても異ならない。

　これを本件についてみるのに，……Yは，倉庫業を営む株式会社であり，Xは，任期満了により退任するまでYの取締役であった，……Yにおいては，その定款に取締役の報酬は株主総会の決議をもって定める旨の規定があり，株主総会の決議によって取締役報酬総額の上限が定められ，取締役会において各取締役に期間を定めずに毎月定額の報酬を支払う旨の決議がされ，その決議に従ってXに対し毎月末日限り定額の報酬が支払われており，その額は……であった，……Yの株主総会は，……Xが常勤取締役から非常勤取締役に変更されたことを前提としてXの報酬につきこれを無報酬とする旨を決議したが，Xはこれに同意していなかった，というのであるから，株主総会においてXの報酬につきこれを無報酬とする旨の決議がされたことによって，Xがその任期中の報酬の請求権を失うことはないというべきである。」

□＿／＿　□＿／＿　□＿／＿

最判平18.4.10

事　案

　B社は，Aが保有していた大量のB社株を暴力団の関連会社に売却したというAの言を信じ暴力団関係者がB社の大株主としてB社の経営等に干渉する事態となることを恐れ，これを回避する目的で，上記会社から株式の買戻しを受けるため，約300億円をAに供与した。

要　旨

　「株式の譲渡は株主たる地位の移転であり，それ自体は『株主ノ権利ノ行使』とはいえないから，会社が，株式を譲渡することの対価として何人かに利益を供与しても，当然には商法294条ノ2第1項が禁止する利益供与には当たらない。しかしながら，会社から見て好ましくないと判断される株主が議決権等の株主の権利を行使することを回避する目的で，当該株主から株式を譲り受けるための対価を何人かに供与する行為は，上記規定にいう『株主ノ権利ノ行使ニ関シ』利益を供与する行為というべきである。

　前記事実関係によれば，B社は，Aが保有していた大量のB社株を暴力団の関連会社に売却したというAの言を信じ，暴力団関係者がB社の大株主としてB社の経営等に干渉する事態となることを恐れ，これを回避する目的で，上記会社から株式の買戻しを受けるため，約300億円というおよそ正当化できない巨額の金員を，う融資の形式を取ってAに供与したというのであるから，B社のした上記利益の供与は，商法294条ノ2第1項にいう『株主ノ権利ノ行使ニ関シ』されたものであるというべきである。」

最判平24.4.24

事　案

　経営陣の意欲や士気の高揚を目的として新株予約権を発行する旨株主総会決議が行われたところ，当該新株予約権の行使条件について取締役会決議に委任された。

　そこで，取締役会は，証券取引所上場を内容とする行使条件を設定したが，その後，当該条件を撤廃した。

　当該新株予約権が行使され，株式が発行されたところ，募集株式発行無効の訴えが提起された。

要　旨

　「まず，本件変更決議の効力について検討する。旧商法280条ノ21第1項は，株主以外の者に対し特に有利な条件をもって新株予約権を発行する場合には，同項所定の事項につき株主総会の特別決議を要する旨を定めるが，同項に基づく特別決議によって新株予約権の行使条件の定めを取締役会に委任することは許容されると解されるところ，株主総会は，当該会社の経営状態や社会経済状況等の株主総会当時の諸事情を踏まえて新株予約権の発行を決議するのであるから，行使条件の定めについての委任も，別途明示の委任がない限り，株主総会当時の諸事情の下における適切な行使条件を定めることを委任する趣旨のものであり，一旦定められた行使条件を新株予約権の発行後に適宜実質的に変更することまで委任する趣旨のものであるとは解されない。また，上記委任に基づき定められた行使条件を付して新株予約権が発行された後に，取締役会の決議によって行使条件を変更し，これに沿って新株予約権を割り当てる契約の内容を変更することは，その変更が新株予約権の内容の実質的な変更に至らない行使条件の細目的な変更にとどまるものでない限り，新たに新株予約権を発行したものというに等しく，それは新株予約権を発行するにはその都度株主総会の決議を要するものとした旧商法280条ノ21第1項の趣旨にも反するものというべきである。そうであれば，取締役会が旧商法280条ノ21第1項に基づく株主総会決議による委任を受けて新株予約権の行使条件を定めた場合に，新株予約権の発行後に上記行使条件を変更することができる旨の明示の委任がされているのであれば格別，そのような委任がないときは，当該新株予約権の発行後に上記行使条件を取締役会決議によって変更することは原則として許されず，これを変更する取締役会決議は，上記株主総会決議による委任に基づき定められた新株予約権の行使条件の細目的な変更をするにとどまるものであるときを除き，無効と解するのが相当である。

　これを本件についてみると，前記事実関係によれば，本件総会決議による本件委任を受けた取締役会決議に基づき，上場条件をその行使条件と定めて本件新株予約権が発行されたものとみるべきところ，本件総会決議において，取締役会決議により一旦定められた行使条件を変更することができる旨の明示的な委任がされたことはうかがわれない。そして，上場条件の撤廃が行使条件の細目的な変更に当たるとみる余地はないから，本件変更決議のうち上場条件を撤廃する部分は無効というべきである。」

　「以上のように，本件変更決議のうちの上場条件を撤廃する部分が無効である以上，本件変更決議に従い上場条件が撤廃されたものとしてされた……本件新株予約権の行使は，当初定められた行使条件に反するものである。そこで，行使条件に反した新株予約権の行使による株式発行の効力について検討する。

　会社法上，公開会社（同法２条５号所定の公開会社をいう。以下同じ。）については，募集株式の発行は資金調達の一環として取締役会による業務執行に準ずるものとして位置付けられ，発行可能株式総数の範囲内で，原則として取締役会において募集事項を決定して募集株式が発行される（同法201条１項，199条）のに対し，公開会社でない株式会社（以下「非公開会社」という。）については，募集事項の決定は取締役会の権限とはされず，株主割当て以外の方法により募集株式を発行するためには，取締役（取締役会設置会社にあっては，取締役会）に委任した場合を除き，株主総会の特別決議によって募集事項を決定することを要し（同法199条），また，株式発行無効の訴えの提訴期間も，公開会社の場合は６箇月であるのに対し，非公開会社の場合には１年とされている（同法828条１項２号）。これらの点に鑑みれば，非公開会社については，その性質上，会社の支配権に関わる持株比率の維持に係る既存株主の利益の保護を重視し，その意思に反する株式の発行は株式発行無効の訴えにより救済するというのが会社法の趣旨と解されるのであり，非公開会社において，株主総会の特別決議を経ないまま株主割当て以外の方法による募集株式の発行がされた場合，その発行手続には重大な法令違反があり，この瑕疵は上記株式発行の無効原因になると解するのが相当である……。

　そして，非公開会社が株主割当て以外の方法により発行した新株予約権に株主総会によって行使条件が付された場合に，この行使条件が当該新株予約権を発行した趣旨に照らして当該新株予約権の重要な内容を構成しているときは，上記行使条件に反した新株予約権の行使による株式の発行は，これにより既存株主の持株比率がその意思に反して影響を受けることになる点において，株主総会の特別決議を経ないまま株主割当て以外の方法による募集株式の発行がされた場合と異なるところはないから，上記の新株予約権の行使による株式の発行には，無効原因があると解するのが相当である。

　これを本件についてみると，本件総会決議の意味するところは，本件総会決議の趣旨に沿うものである限り，取締役会決議に基づき定められる行使条件をもって，本件総会決議に基づくものとして本件新株予約権の内容を具体的に確定させることにあると解されるところ，上場条件は，本件総会決議による委任を受けた取締役会の決議に基づき本件総会決議の趣旨に沿って定められた行使条件であるから，株主総会によって付された行使条件であるとみることができる。また，本件新株予約権が経営陣の意欲や士気の高揚を目的として発行されたことからすると，上場条件はその目的を実現するための動機付けとなるものとして，本件新株予約権の重要な内容を構成していることも明らかである。したがって，上場条件に反する本件新株予約権の行使による本件株式発行には，無効原因がある。」

□ ＿／＿ □ ＿／＿ □ ＿／＿

最決平19.8.7

事 案

買収者が対象会社の全株式を対象に公開買付けを行ったことに対して，対象会社が差別的な内容の新株予約権の無償割当てを行った。本事例には，以下の特殊な事情が存在した。①買収者以外の株主に割り当てられる分については，対象会社が普通株式を対価にこれを取得するのに対し，買収者に割り当てられる分については，金銭を対価として対象会社が取得することが定められていた（買収者に支払われる金銭は公正な価格に基づいた妥当なものであった），②買収者は非適格者として新株予約権を行使できないとされていた，③上記新株予約権の無償割当ては，対象会社の株主総会の特別決議によって承認されており議決権総数の8割以上の賛成を得られていた。

要 旨

株主平等の原則に反するとの主張について

「法109条1項は，株式会社（以下「会社」という。）は株主をその有する株式の内容及び数に応じて平等に取り扱わなければならないとして，株主平等の原則を定めている。

新株予約権無償割当てが新株予約権者の差別的な取扱いを内容とするものであっても，これは株式の内容等に直接関係するものではないから，直ちに株主平等の原則に反するということはできない。しかし，株主は，株主としての資格に基づいて新株予約権の割当てを受けるところ，法278条2項は，株主に割り当てる新株予約権の内容及び数又はその算定方法についての定めは，株主の有する株式の数に応じて新株予約権を割り当てることを内容とするものでなければならないと規定するなど，株主に割り当てる新株予約権の内容が同一であることを前提としているものと解されるのであって，法109条1項に定める株主平等の原則の趣旨は，新株予約権無償割当ての場合についても及ぶというべきである。

そして，本件新株予約権無償割当ては，割り当てられる新株予約権の内容につき，抗告人関係者とそれ以外の株主との間で前記のような差別的な行使条件及び取得条項が定められているため，抗告人関係者以外の株主が新株予約権を全部行使した場合，又は，相手方が本件取得条項に基づき抗告人関係者以外の株主の新株予約権を全部取得し，その対価として株式が交付された場合には，抗告人関係者は，その持株比率が大幅に低下するという不利益を受けることとなる。」

「株主平等の原則は，個々の株主の利益を保護するため，会社に対し，株主をその有する株式の内容及び数に応じて平等に取り扱うことを義務付けるものであるが，個々の株主の利益は，一般的には，会社の存立，発展なしには考えられな

いものであるから，特定の株主による経営支配権の取得に伴い，会社の存立，発展が阻害されるおそれが生ずるなど，会社の企業価値がき損され，会社の利益ひいては株主の共同の利益が害されることになるような場合には，その防止のために当該株主を差別的に取り扱ったとしても，当該取扱いが衡平の理念に反し，相当性を欠くものでない限り，これを直ちに同原則の趣旨に反するものということはできない。そして，特定の株主による経営支配権の取得に伴い，会社の企業価値がき損され，会社の利益ひいては株主の共同の利益が害されることになるか否かについては，最終的には，会社の利益の帰属主体である株主自身により判断されるべきものであるところ，株主総会の手続が適正を欠くものであったとか，判断の前提とされた事実が実際には存在しなかったり，虚偽であったなど，判断の正当性を失わせるような重大な瑕疵が存在しない限り，当該判断が尊重されるべきである。」

「本件総会において，本件議案は，議決権総数の約83.4％の賛成を得て可決されたのであるから，抗告人関係者以外のほとんどの既存株主が，抗告人による経営支配権の取得が相手方の企業価値をき損し，相手方の利益ひいては株主の共同の利益を害することになると判断したものということができる。そして，本件総会の手続に適正を欠く点があったとはいえず，また，上記判断は，抗告人関係者において，発行済株式のすべてを取得することを目的としているにもかかわらず，相手方の経営を行う予定はないとして経営支配権取得後の経営方針を明示せず，投下資本の回収方針についても明らかにしなかったことなどによるものであることがうかがわれるのであるから，当該判断に，その正当性を失わせるような重大な瑕疵は認められない。」

「そこで，抗告人による経営支配権の取得が相手方の企業価値をき損し，相手方の利益ひいては株主の共同の利益を害することになるという本件総会における株主の判断を前提にして，本件新株予約権無償割当てが衡平の理念に反し，相当性を欠くものであるか否かを検討する。

抗告人関係者は，本件新株予約権に本件行使条件及び本件取得条項が付されていることにより，当該予約権を行使することも，取得の対価として株式の交付を受けることもできず，その持株比率が大幅に低下することにはなる。しかし，本件新株予約権無償割当ては，抗告人関係者も意見を述べる機会のあった本件総会における議論を経て，抗告人関係者以外のほとんどの既存株主が，抗告人による経営支配権の取得に伴う相手方の企業価値のき損を防ぐために必要な措置として是認したものである。さらに，抗告人関係者は，本件取得条項に基づき抗告人関係者の有する本件新株予約権の取得が実行されることにより，その対価として金員の交付を受けることができ，また，これが実行されない場合においても，相手方取締役会の本件支払決議によれば，抗告人関係者は，その有する本件新株予約

権の譲渡を相手方に申し入れることにより，対価として金員の支払を受けられることになるところ，上記対価は，抗告人関係者が自ら決定した本件公開買付けの買付価格に基づき算定されたもので，本件新株予約権の価値に見合うものということができる。これらの事実にかんがみると，抗告人関係者が受ける上記の影響を考慮しても，本件新株予約権無償割当てが，衡平の理念に反し，相当性を欠くものとは認められない。なお，相手方が本件取得条項に基づき抗告人関係者の有する本件新株予約権を取得する場合に，相手方は抗告人関係者に対して多額の金員を交付することになり，それ自体，相手方の企業価値をき損し，株主の共同の利益を害するおそれのあるものということもできないわけではないが，上記のとおり，抗告人関係者以外のほとんどの既存株主は，抗告人による経営支配権の取得に伴う相手方の企業価値のき損を防ぐためには，上記金員の交付もやむを得ないと判断したものといえ，この判断も尊重されるべきである。」

「したがって，抗告人関係者が原審のいう濫用的買収者に当たるといえるか否かにかかわらず，これまで説示した理由により，本件新株予約権無償割当ては，株主平等の原則の趣旨に反するものではなく，法令等に違反しないというべきである。」

著しく不公正な方法によるものとの主張について

「本件新株予約権無償割当てが，株主平等の原則から見て著しく不公正な方法によるものといえないことは，これまで説示したことから明らかである。また，相手方が，経営支配権を取得しようとする行為に対し，本件のような対応策を採用することをあらかじめ定めていなかった点や当該対応策を採用した目的の点から見ても，これを著しく不公正な方法によるものということはできない。その理由は，次のとおりである。

すなわち，本件新株予約権無償割当ては，本件公開買付けに対応するために，相手方の定款を変更して急きょ行われたもので，経営支配権を取得しようとする行為に対する対応策の内容等が事前に定められ，それが示されていたわけではない。……しかし，事前の定めがされていないからといって，そのことだけで，経営支配権の取得を目的とする買収が開始された時点において対応策を講ずることが許容されないものではない。本件新株予約権無償割当ては，突然本件公開買付けが実行され，抗告人による相手方の経営支配権の取得の可能性が現に生じたため，株主総会において相手方の企業価値のき損を防ぎ，相手方の利益ひいては株主の共同の利益の侵害を防ぐためには多額の支出をしてもこれを採用する必要があると判断されて行われたものであり，緊急の事態に対処するための措置であること，前記のとおり，抗告人関係者に割り当てられた本件新株予約権に対してはその価値に見合う対価が支払われることも考慮すれば，対応策が事前に定められ，それが示されていなかったからといって，本件新株予約権無償割当てを著しく不

公正な方法によるものということはできない。

　また，株主に割り当てられる新株予約権の内容に差別のある新株予約権無償割当てが，会社の企業価値ひいては株主の共同の利益を維持するためではなく，専ら経営を担当している取締役等又はこれを支持する特定の株主の経営支配権を維持するためのものである場合には，その新株予約権無償割当ては原則として著しく不公正な方法によるものと解すべきであるが，本件新株予約権無償割当てが，そのような場合に該当しないことも，これまで説示したところにより明らかである。」

　「したがって，本件新株予約権無償割当てを，株主平等の原則の趣旨に反して法令等に違反するものということはできず，また，著しく不公正な方法によるものということもできない。」

□　／　□　／　□　／

最大判昭40.9.22

事　案

　製材業等を営む会社が，組合に対して，その製材業を営む工場を譲渡した。

要　旨

　「商法245条1項1号によつて特別決議を経ることを必要とする営業の譲渡とは，……一定の営業目的のため組織化され，有機的一体として機能する財産（得意先関係等の経済的価値のある事実関係を含む。）の全部または重要な一部を譲渡し，これによつて，譲渡会社がその財産によつて営んでいた営業的活動の全部または重要な一部を譲受人に受け継がせ，譲渡会社がその譲渡の限度に応じ法律上当然に同法25条に定める競業避止業務を負う結果を伴うものをいうものと解するのが相当である。」

　「商法245条1項1号の規定の制定およびその改正の経緯に照しても，右法条に営業の譲渡という文言が採用されているのは，商法総則における既定概念であり，その内容も比較的に明らかな右文言を用いることによつて，譲渡会社がする単なる営業用財産の譲渡ではなく，それよりも重要である営業の譲渡に該当するものについて規制を加えることとし，併せて法律関係の明確性と取引の安全を企図しているものと理解される。前示所論のように解することは，明らかに前示法条の文理に反し，法解釈の統一性，安定性を害するばかりでなく，その譲渡が無効であるかどうかが，譲渡の相手方または第三者にとつては必ずしも詳らかにしえない譲渡会社の内部的事情によつて左右される結果を認めることとなり，前判示のように解する場合に比較して，法律関係の明確性ないし取引の安全を害するおそれも多く，右所論のような拡張解釈は，法解釈の限度を逸脱するものというほかはない。所論は，立法政策としては考慮の余地があるとしても，現行法の解釈論としては，とうてい採用することをえない。」

　「本件物件は譲渡会社である上告会社がこれによつて製材業を営んでいたa工場を構成するものであつたが，本件売買契約に当つては，いずれの当事者も本件物件を有機的一体として機能する財産として売買する意思はなく，とくに譲受人である被上告組合にとつては，製材業を譲り受けることは目的の範囲外の行為であり，被上告組合が本件物件のうちの不動産を買い受けたのは，被上告組合の目的である組合員その他の者の出品する木材および製品の市売等を行うための土場および事務所に使用するためであり，本件物件のうちの機械器具類に至つては，

これだけ除外しても，上告会社がその処置に窮するであろうことを思いやり，これを本件売買契約の目的物のうちに加えたものにすぎず，したがつて，本件売買は，営業を構成していた各個の財産の譲渡であつて，営業の譲渡に当らない」。

□　／　　□　／　　□　／

最判昭61.9.11

事 案

事業譲渡が行われたものの，株主総会決議の承認を得ていなかった。

要 旨

「本件営業譲渡契約は，……株主総会の特別決議によつてこれを承認する手続を経由しているのでなければ，無効であり，しかも，その無効は，……広く株主・債権者等の会社の利害関係人の保護を目的とするものであるから，本件営業譲渡契約は何人との関係においても常に無効であると解すべきである。しかるところ，……本件営業譲渡契約については事前又は事後においても右の株主総会による承認の手続をしていないというのであるから，これによつても，本件営業譲渡契約は無効であるというべきである。そして，営業譲渡が譲渡会社の株主総会による承認の手続をしないことによつて無効である場合，譲渡会社，譲渡会社の株主・債権者等の会社の利害関係人のほか，譲受会社もまた右の無効を主張することができるものと解するのが相当である。けだし，譲渡会社ないしその利害関係人のみが右の無効を主張することができ，譲受会社がこれを主張することができないとすると，譲受会社は，譲渡会社ないしその利害関係人が無効を主張するまで営業譲渡を有効なものと扱うことを余儀なくされるなど著しく不安定な立場におかれることになるからである。したがつて，譲受会社である上告会社は，特段の事情のない限り，本件営業譲渡契約について右の無効をいつでも主張することができるものというべきである。」

「そこで，上告会社に本件営業譲渡契約の無効を主張することができない特段の事情があるかどうかについて検討するに，……被上告会社は本件営業譲渡契約に基づく債務をすべて履行ずみであり，他方上告会社は右の履行について苦情を申し出たことがなく，また，上告会社は，本件営業譲渡契約が有効であることを前提に，被上告会社に対し本件営業譲渡契約に基づく自己の債務を承認し，その履行として譲渡代金の一部を弁済し，かつ，譲り受けた製品・原材料等を販売又は消費し，しかも，上告会社は，原始定款に所定事項の記載がないことを理由とする無効事由については契約後約9年，株主総会の承認手続を経由していないことを理由とする無効事由については契約後約20年を経て，初めて主張するに至つたものであり，両会社の株主・債権者等の会社の利害関係人が右の理由に基づき本件営業譲渡契約が無効であるなどとして問題にしたことは全くなかつた，と

いうのであるから，上告会社が本件営業譲渡契約について……無効を主張することは，法が本来予定した上告会社又は被上告会社の株主・債権者等の利害関係人の利益を保護するという意図に基づいたものとは認められず，右違反に藉口して，専ら，既に遅滞に陥つた本件営業譲渡契約に基づく自己の残債務の履行を拒むためのものであると認められ，信義則に反し許されないものといわなければならない。したがつて，上告会社が本件営業譲渡契約について商法の右各規定の違反を理由として無効を主張することは，これを許さない特段の事情があるというべきである。」

重要条文一覧

―会社法・会社法施行規則―

過去の司法試験・予備試験で問われた会社法・会社法施行規則の条文を掲載している。司法試験・予備試験の別，出題年度は条文番号に続けて記載した。

【会社法】

公布日：平成17年7月26日
改正法令名：会社法の一部を改正する法律
　　　　　　（令和元年法律第70号）
改正法令公布日：令和元年12月11日

第1編　総則

第1章　通則

第2条（定義）　国H18, H27, H28　予H30

　この法律において，次の各号に掲げる用語の意義は，当該各号に定めるところによる。

一　会社　株式会社，合名会社，合資会社又は合同会社をいう。

二　外国会社　外国の法令に準拠して設立された法人その他の外国の団体であって，会社と同種のもの又は会社に類似するものをいう。

三　子会社　会社がその総株主の議決権の過半数を有する株式会社その他の当該会社がその経営を支配している法人として法務省令で定めるものをいう。

三の二　子会社等　次のいずれかに該当する者をいう。
　イ　子会社
　ロ　会社以外の者がその経営を支配している法人として法務省令で定めるもの

四　親会社　株式会社を子会社とする会社その他の当該株式会社の経営を支配している法人として法務省令で定めるものをいう。

四の二　親会社等　次のいずれかに該当する者をいう。
　イ　親会社
　ロ　株式会社の経営を支配している者（法人であるものを除く。）として法務省令で定めるもの

五　公開会社　その発行する全部又は一部の株式の内容として譲渡による当該株式の取得について株式会社の承認を要する旨の定款の定めを設けていない株式会社をいう。

六　大会社　次に掲げる要件のいずれかに該当する株式会社をいう。
　イ　最終事業年度に係る貸借対照表（第439条前段に規定する場合にあっては，同条の規定により定時株主総会に報告された貸借対照表をいい，株式会社の成立後最初の定時株主総会までの間においては，第435条第1項の貸借対照表をいう。ロにおいて同じ。）に資本金として計上した額が5億円以上であること。
　ロ　最終事業年度に係る貸借対照表の負債の部に計上した額の合計額が200億円以上であること。

七　取締役会設置会社　取締役会を置く株式会社又はこの法律の規定により取締役会を置かなければならない株式会社をいう。

八　会計参与設置会社　会計参与を置く株式会社をいう。

九　監査役設置会社　監査役を置く株式会社（その監査役の監査の範囲を会計に関するものに限定する旨の定款の定めがあるものを除く。）又はこの法律の規定により監査役を置かなければならない株式会社をいう。

十　監査役会設置会社　監査役会を置く株式会社又はこの法律の規定により監査役会を置かなければならない株式会社をいう。

十一　会計監査人設置会社　会計監査人を置く株式会社又はこの法律の規定により会計監査人を置かなければならない株式会社をいう。

十一の二　監査等委員会設置会社　監査等委員会を置く株式会社をいう。

十二　指名委員会等設置会社　指名委員会，監査委員会及び報酬委員会（以下「指名委員会等」という。）を置く株式会社をいう。

十三　種類株式発行会社　剰余金の配当その他の第108条第1項各号に掲げる事項について内容の異なる2以上の種類の株式を発行する株式会社をいう。

十四　種類株主総会　種類株主（種類株式発行会社におけるある種類の株式の株主をいう。以下同じ。）の総会をいう。

十五　社外取締役　株式会社の取締役であって，次に掲げる要件のいずれにも該当するものをいう。
　イ　当該株式会社又はその子会社の業務

執行取締役（株式会社の第363条第1項各号に掲げる取締役及び当該株式会社の業務を執行したその他の取締役をいう。以下同じ。）若しくは執行役又は支配人その他の使用人（以下「業務執行取締役等」という。）でなく，かつ，その就任の前10年間当該株式会社又はその子会社の業務執行取締役等であったことがないこと。

ロ　その就任の前10年内のいずれかの時において当該株式会社又はその子会社の取締役，会計参与（会計参与が法人であるときは，その職務を行うべき社員）又は監査役であったことがある者（業務執行取締役等であったことがあるものを除く。）にあっては，当該取締役，会計参与又は監査役への就任の前10年間当該株式会社又はその子会社の業務執行取締役等であったことがないこと。

ハ　当該株式会社の親会社等（自然人であるものに限る。）又は親会社等の取締役若しくは執行役若しくは支配人その他の使用人でないこと。

ニ　当該株式会社の親会社等の子会社等（当該株式会社及びその子会社を除く。）の業務執行取締役等でないこと。

ホ　当該株式会社の取締役若しくは執行役若しくは支配人その他の重要な使用人又は親会社等（自然人であるものに限る。）の配偶者又は二親等内の親族でないこと。

十六　社外監査役　株式会社の監査役であって，次に掲げる要件のいずれにも該当するものをいう。

イ　その就任の前10年間当該株式会社又はその子会社の取締役，会計参与（会計参与が法人であるときは，その職務を行うべき社員。ロにおいて同じ。）若しくは執行役又は支配人その他の使用人であったことがないこと。

ロ　その就任の前10年内のいずれかの時において当該株式会社又はその子会社の監査役であったことがある者にあっては，当該監査役への就任の前10年間当該株式会社又はその子会社の取締役，会計参与若しくは執行役又は支配人その他の使用人であったことがないこと。

ハ　当該株式会社の親会社等（自然人であるものに限る。）又は親会社等の取締役，監査役若しくは執行役若しくは支配人その他の使用人でないこと。

ニ　当該株式会社の親会社等の子会社等（当該株式会社及びその子会社を除く。）の業務執行取締役等でないこと。

ホ　当該株式会社の取締役若しくは支配人その他の重要な使用人又は親会社等（自然人であるものに限る。）の配偶者又は二親等内の親族でないこと。

十七　譲渡制限株式　株式会社がその発行する全部又は一部の株式の内容として譲渡による当該株式の取得について当該株式会社の承認を要する旨の定めを設けている場合における当該株式をいう。

十八　取得請求権付株式　株式会社がその発行する全部又は一部の株式の内容として株主が当該株式会社に対して当該株式の取得を請求することができる旨の定めを設けている場合における当該株式をいう。

十九　取得条項付株式　株式会社がその発行する全部又は一部の株式の内容として当該株式会社が一定の事由が生じたことを条件として当該株式を取得することができる旨の定めを設けている場合における当該株式をいう。

二十　単元株式数　株式会社がその発行する株式について，一定の数の株式をもって株主が株主総会又は種類株主総会において1個の議決権を行使することができる1単元の株式とする旨の定款の定めを設けている場合における当該一定の数をいう。

二十一　新株予約権　株式会社に対して行使することにより当該株式会社の株式の交付を受けることができる権利をいう。

二十二　新株予約権付社債　新株予約権を付した社債をいう。

二十三　社債　この法律の規定により会社が行う割当てにより発生する当該会社を債務者とする金銭債権であって，第676条各号に掲げる事項についての定めに従い償還されるものをいう。

二十四　最終事業年度　各事業年度に係る第435条第2項に規定する計算書類につ

き第438条第2項の承認（第439条前段に規定する場合にあっては，第436条第3項の承認）を受けた場合における当該各事業年度のうち最も遅いものをいう。

二十五　配当財産　株式会社が剰余金の配当をする場合における配当する財産をいう。

二十六　組織変更　次のイ又はロに掲げる会社がその組織を変更することにより当該イ又はロに定める会社となることをいう。

イ　株式会社　合名会社，合資会社又は合同会社

ロ　合名会社，合資会社又は合同会社　株式会社

二十七　吸収合併　会社が他の会社とする合併であって，合併により消滅する会社の権利義務の全部を合併後存続する会社に承継させるものをいう。

二十八　新設合併　2以上の会社がする合併であって，合併により消滅する会社の権利義務の全部を合併により設立する会社に承継させるものをいう。

二十九　吸収分割　株式会社又は合同会社がその事業に関して有する権利義務の全部又は一部を分割後他の会社に承継させることをいう。

三十　新設分割　1又は2以上の株式会社又は合同会社がその事業に関して有する権利義務の全部又は一部を分割により設立する会社に承継させることをいう。

三十一　株式交換　株式会社がその発行済株式（株式会社が発行している株式をいう。以下同じ。）の全部を他の株式会社又は合同会社に取得させることをいう。

三十二　株式移転　1又は2以上の株式会社がその発行済株式の全部を新たに設立する株式会社に取得させることをいう。

三十二の二　株式交付　株式会社が他の株式会社をその子会社（法務省令で定めるものに限る。第774条の3第2項において同じ。）とするために当該他の株式会社の株式を譲り受け，当該株式の譲渡人に対して当該株式の対価として当該株式会社の株式を交付することをいう。

三十三　公告方法　会社（外国会社を含む。）が公告（この法律又は他の法律の規定に

より官報に掲載する方法によりしなければならないものとされているものを除く。）をする方法をいう。

三十四　電子公告　公告方法のうち，電磁的方法（電子情報処理組織を使用する方法その他の情報通信の技術を利用する方法であって法務省令で定めるものをいう。以下同じ。）により不特定多数の者が公告すべき内容である情報の提供を受けることができる状態に置く措置であって法務省令で定めるものをとる方法をいう。

第5条（商行為）　予H24

会社（外国会社を含む。次条第1項，第8条及び第9条において同じ。）がその事業としてする行為及びその事業のためにする行為は，商行為とする。

第2章　会社の商号

第6条（商号）　予H27

会社は，その名称を商号とする。

2　会社は，株式会社，合名会社，合資会社又は合同会社の種類に従い，それぞれその商号中に株式会社，合名会社，合資会社又は合同会社という文字を用いなければならない。

3　会社は，その商号中に，他の種類の会社であると誤認されるおそれのある文字を用いてはならない。

第7条（会社と誤認させる名称等の使用の禁止）　司H25　予H24

会社でない者は，その名称又は商号中に，会社であると誤認されるおそれのある文字を用いてはならない。

第9条（自己の商号の使用を他人に許諾した会社の責任）　予H27

自己の商号を使用して事業又は営業を行うことを他人に許諾した会社は，当該会社が当該事業を行うものと誤認して当該他人と取引をした者に対し，当該他人と連帯して，当該取引によって生じた債務を弁済する責任を負う。

第3章　会社の使用人等

第4章　事業の譲渡をした場合の競業の禁止等

第21条（譲渡会社の競業の禁止）　回H18, H27
　　事業を譲渡した会社（以下この章において「譲渡会社」という。）は，当事者の別段の意思表示がない限り，同一の市町村（特別区を含むものとし，地方自治法（昭和22年法律第67号）第252条の19第1項の指定都市にあっては，区又は総合区。以下この項において同じ。）の区域内及びこれに隣接する市町村の区域内においては，その事業を譲渡した日から20年間は，同一の事業を行ってはならない。
2　譲渡会社が同一の事業を行わない旨の特約をした場合には，その特約は，その事業を譲渡した日から30年の期間内に限り，その効力を有する。
3　前2項の規定にかかわらず，譲渡会社は，不正の競争の目的をもって同一の事業を行ってはならない。

第22条（譲渡会社の商号を使用した譲受会社の責任等）　回H18　予H27
　　事業を譲り受けた会社（以下この章において「譲受会社」という。）が譲渡会社の商号を引き続き使用する場合には，その譲受会社も，譲渡会社の事業によって生じた債務を弁済する責任を負う。
2　前項の規定は，事業を譲り受けた後，遅滞なく，譲受会社がその本店の所在地において譲渡会社の債務を弁済する責任を負わない旨を登記した場合には，適用しない。事業を譲り受けた後，遅滞なく，譲受会社及び譲渡会社から第三者に対しその旨の通知をした場合において，その通知を受けた第三者についても，同様とする。
3　譲受会社が第1項の規定により譲渡会社の債務を弁済する責任を負う場合には，譲渡会社の責任は，事業を譲渡した日後2年以内に請求又は請求の　予告をしない債権者に対しては，その期間を経過した時に消滅する。
4　第1項に規定する場合において，譲渡会社の事業によって生じた債権について，譲受会社にした弁済は，弁済者が善意でかつ重大な過失がないときは，その効力を有する。

第23条（譲受会社による債務の引受け）　回H18, R02
　　譲受会社が譲渡会社の商号を引き続き使用しない場合においても，譲渡会社の事業によって生じた債務を引き受ける旨の広告をしたときは，譲渡会社の債権者は，その譲受会社に対して弁済の請求をすることができる。
2　譲受会社が前項の規定により譲渡会社の債務を弁済する責任を負う場合には，譲渡会社の責任は，同項の広告があった日後2年以内に請求又は請求の　予告をしない債権者に対しては，その期間を経過した時に消滅する。

第2編　株式会社

第1章　設立

第27条（定款の記載又は記録事項）　予H30
　　株式会社の定款には，次に掲げる事項を記載し，又は記録しなければならない。
一　目的
二　商号
三　本店の所在地
四　設立に際して出資される財産の価額又はその最低額
五　発起人の氏名又は名称及び住所

第28条　回H21, H29
　　株式会社を設立する場合には，次に掲げる事項は，第26条第1項の定款に記載し，又は記録しなければ，その効力を生じない。
一　金銭以外の財産を出資する者の氏名又は名称，当該財産及びその価額並びにその者に対して割り当てる設立時発行株式の数（設立しようとする株式会社が種類株式発行会社である場合にあっては，設立時発行株式の種類及び種類ごとの数。第32条第1項第1号において同じ。）
二　株式会社の成立後に譲り受けることを約した財産及びその価額並びにその譲渡人の氏名又は名称
三　株式会社の成立により発起人が受ける報酬その他の特別の利益及びその発起人の氏名又は名称
四　株式会社の負担する設立に関する費用

第30条（定款の認証）　回H18, H19, H20, H22, H24, H26, H28, H30, R01　予R02
　　第26条第1項の定款は，公証人の認証を受けなければ，その効力を生じない。
2　前項の公証人の認証を受けた定款は，株式会社の成立前は，第33条第7項若しくは第

9項又は第37条第1項若しくは第2項の規定による場合を除き，これを変更することができない。

第31条（定款の備置き及び閲覧等）　予H25, R02
　　発起人（株式会社の成立後にあっては，当該株式会社）は，定款を発起人が定めた場所（株式会社の成立後にあっては，その本店及び支店）に備え置かなければならない。
2　発起人（株式会社の成立後にあっては，その株主及び債権者）は，発起人が定めた時間（株式会社の成立後にあっては，その営業時間）内は，いつでも，次に掲げる請求をすることができる。ただし，第2号又は第4号に掲げる請求をするには，発起人（株式会社の成立後にあっては，当該株式会社）の定めた費用を支払わなければならない。
　一　定款が書面をもって作成されているときは，当該書面の閲覧の請求
　二　前号の書面の謄本又は抄本の交付の請求
　三　定款が電磁的記録をもって作成されているときは，当該電磁的記録に記録された事項を法務省令で定める方法により表示したものの閲覧の請求
　四　前号の電磁的記録に記録された事項を電磁的方法であって発起人（株式会社の成立後にあっては，当該株式会社）の定めたものにより提供することの請求又はその事項を記載した書面の交付の請求
3　株式会社の成立後において，当該株式会社の親会社社員（親会社の株主その他の社員をいう。以下同じ。）がその権利を行使するため必要があるときは，当該親会社社員は，裁判所の許可を得て，当該株式会社の定款について前項各号に掲げる請求をすることができる。ただし，同項第2号又は第4号に掲げる請求をするには，当該株式会社の定めた費用を支払わなければならない。
4　定款が電磁的記録をもって作成されている場合であって，支店における第2項第3号及び第4号に掲げる請求に応じることを可能とするための措置として法務省令で定めるものをとっている株式会社についての第1項の規定の適用については，同項中「本店及び支店」とあるのは，「本店」とする。
第35条（設立時発行株式の株主となる権利の

譲渡）　同H29
　　前条第1項の規定による払込み又は給付（以下この章において「出資の履行」という。）をすることにより設立時発行株式の株主となる権利の譲渡は，成立後の株式会社に対抗することができない。

第38条（設立時役員等の選任）　同H27
　　発起人は，出資の履行が完了した後，遅滞なく，設立時取締役（株式会社の設立に際して取締役となる者をいう。以下同じ。）を選任しなければならない。
2　設立しようとする株式会社が監査等委員会設置会社である場合には，前項の規定による設立時取締役の選任は，設立時監査等委員（株式会社の設立に際して監査等委員（監査等委員会の委員をいう。以下同じ。）となる者をいう。以下同じ。）である設立時取締役とそれ以外の設立時取締役とを区別してしなければならない。
3　次の各号に掲げる場合には，発起人は，出資の履行が完了した後，遅滞なく，当該各号に定める者を選任しなければならない。
　一　設立しようとする株式会社が会計参与設置会社である場合　設立時会計参与（株式会社の設立に際して会計参与となる者をいう。以下同じ。）
　二　設立しようとする株式会社が監査役設置会社（監査役の監査の範囲を会計に関するものに限定する旨の定款の定めがある株式会社を含む。）である場合　設立時監査役（株式会社の設立に際して監査役となる者をいう。以下同じ。）
　三　設立しようとする株式会社が会計監査人設置会社である場合　設立時会計監査人（株式会社の設立に際して会計監査人となる者をいう。以下同じ。）
4　定款で設立時取締役（設立しようとする株式会社が監査等委員会設置会社である場合にあっては，設立時監査等委員である設立時取締役又はそれ以外の設立時取締役。以下この項において同じ。），設立時会計参与，設立時監査役又は設立時会計監査人として定められた者は，出資の履行が完了した時に，それぞれ設立時取締役，設立時会計参与，設立時監査役又は設立時会計監査人に選任されたものとみなす。

第39条　同H25

設立しようとする株式会社が取締役会設置会社である場合には，設立時取締役は，3人以上でなければならない。

2　設立しようとする株式会社が監査役会設置会社である場合には，設立時監査役は，3人以上でなければならない。

3　設立しようとする株式会社が監査等委員会設置会社である場合には，設立時監査等委員である設立時取締役は，3人以上でなければならない。

4　第331条第1項（第335条第1項において準用する場合を含む。），第333条第1項若しくは第3項又は第337条第1項若しくは第3項の規定により成立後の株式会社の取締役（監査等委員会設置会社にあっては，監査等委員である取締役又はそれ以外の取締役），会計参与，監査役又は会計監査人となることができない者は，それぞれ設立時取締役（成立後の株式会社が監査等委員会設置会社である場合にあっては，設立時監査等委員である設立時取締役又はそれ以外の設立時取締役），設立時会計参与，設立時監査役又は設立時会計監査人（以下この節において「設立時役員等」という。）となることができない。

5　第331条の2の規定は，設立時取締役及び設立時監査役について準用する。

第46条　［司］H22

設立時取締役（設立しようとする株式会社が監査役設置会社である場合にあっては，設立時取締役及び設立時監査役。以下この条において同じ。）は，その選任後遅滞なく，次に掲げる事項を調査しなければならない。

一　第33条第10項第1号又は第2号に掲げる場合における現物出資財産等（同号に掲げる場合にあっては，同号の有価証券に限る。）について定款に記載され，又は記録された価額が相当であること。

二　第33条第10項第3号に規定する証明が相当であること。

三　出資の履行が完了していること。

四　前3号に掲げる事項のほか，株式会社の設立の手続が法令又は定款に違反していないこと。

2　設立時取締役は，前項の規定による調査により，同項各号に掲げる事項について法令若しくは定款に違反し，又は不当な事項が

あると認めるときは，発起人にその旨を通知しなければならない。

3　設立しようとする株式会社が指名委員会等設置会社である場合には，設立時取締役は，第1項の規定による調査を終了したときはその旨を，前項の規定による通知をしたときはその旨及びその内容を，設立時代表執行役（第48条第1項第3号に規定する設立時代表執行役をいう。）に通知しなければならない。

第49条　（株式会社の成立）　［司］H29

株式会社は，その本店の所在地において設立の登記をすることによって成立する。

第52条　（出資された財産等の価額が不足する場合の責任）　［司］H22

株式会社の成立の時における現物出資財産等の価額が当該現物出資財産等について定款に記載され，又は記録された価額（定款の変更があった場合にあっては，変更後の価額）に著しく不足するときは，発起人及び設立時取締役は，当該株式会社に対し，連帯して，当該不足額を支払う義務を負う。

2　前項の規定にかかわらず，次に掲げる場合には，発起人（第28条第1号の財産を給付した者又は同条第2号の財産の譲渡人を除く。第2号において同じ。）及び設立時取締役は，現物出資財産等について同項の義務を負わない。

一　第28条第1号又は第2号に掲げる事項について第33条第2項の検査役の調査を経た場合

二　当該発起人又は設立時取締役がその職務を行うについて注意を怠らなかったことを証明した場合

3　第1項に規定する場合には，第33条第10項第3号に規定する証明をした者（以下この項において「証明者」という。）は，第1項の義務を負う者と連帯して，同項の不足額を支払う義務を負う。ただし，当該証明者が当該証明をするについて注意を怠らなかったことを証明した場合は，この限りでない。

第53条　（発起人等の損害賠償責任）　［司］H22

発起人，設立時取締役又は設立時監査役は，株式会社の設立についてその任務を怠ったときは，当該株式会社に対し，これによって生じた損害を賠償する責任を負う。

重要条文一覧

2 発起人，設立時取締役又は設立時監査役が
その職務を行うについて悪意又は重大な過
失があったときは，当該発起人，設立時取
締役又は設立時監査役は，これによって第
三者に生じた損害を賠償する責任を負う。

第54条（発起人等の連帯責任）　回H22
　発起人，設立時取締役又は設立時監査役
が株式会社又は第三者に生じた損害を賠償
する責任を負う場合において，他の発起人，
設立時取締役又は設立時監査役も当該損害
を賠償する責任を負うときは，これらの者
は，連帯債務者とする。

第55条（責任の免除）　予R02
　第52条第1項の規定により発起人又は設
立時取締役の負う義務，第52条の2第1項
の規定により発起人の負う義務，同条第2
項の規定により発起人又は設立時取締役の
負う義務及び第53条第1項の規定により発
起人，設立時取締役又は設立時監査役の負
う責任は，総株主の同意がなければ，免除
することができない。

第62条（設立時募集株式の引受け）　予H24
　次の各号に掲げる者は，当該各号に定め
る設立時募集株式の数について設立時募集
株式の引受人となる。
　一　申込者　発起人の割り当てた設立時募
集株式の数
　二　前条の契約により設立時募集株式の総
数を引き受けた者　その者が引き受けた
設立時募集株式の数

第65条（創立総会の招集）　回H27
　第57条第1項の募集をする場合には，発
起人は，第58条第1項第3号の期日又は同
号の期間の末日のうち最も遅い日以後，遅
滞なく，設立時株主（第50条第1項又は第
102条第2項の規定により株式会社の株主と
なる者をいう。以下同じ。）の総会（以下「創
立総会」という。）を招集しなければならな
い。

2 発起人は，前項に規定する場合において，
必要があると認めるときは，いつでも，創
立総会を招集することができる。

第83条（創立総会への報告の省略）　予H25, H28
　発起人が設立時株主の全員に対して創立
総会に報告すべき事項を通知した場合にお
いて，当該事項を創立総会に報告すること
を要しないことにつき設立時株主の全員が

書面又は電磁的記録により同意の意思表示
をしたときは，当該事項の創立総会への
報告があったものとみなす。

第87条　回H25
　発起人は，株式会社の設立に関する事項
を創立総会に報告しなければならない。

2 発起人は，次の各号に掲げる場合には，当
該各号に定める事項を記載し，又は記録し
た書面又は電磁的記録を創立総会に提出し，
又は提供しなければならない。
　一　定款に第28条各号に掲げる事項（第33
条第10項各号に掲げる場合における当該
各号に定める事項を除く。）の定めがある
場合　第33条第2項の検査役の同条第4
項の報告の内容
　二　第33条第10項第3号に掲げる場合　同
号に規定する証明の内容

第99条（定款の変更の手続の特則）　回H25, H26, R02　予H26, R01
　設立しようとする会社が種類株式発行会
社である場合において，次の各号に掲げる
ときは，当該各号の種類の設立時発行株式
の設立時種類株主全員の同意を得なければ
ならない。
　一　ある種類の株式の内容として第108条第
1項第6号に掲げる事項についての定款
の定めを設け，又は当該事項についての
定款の変更（当該事項についての定款の
定めを廃止するものを除く。）をしようと
するとき。
　二　ある種類の株式について第322条第2項
の規定による定款の定めを設けようとす
るとき。

第2章　株式

第106条（共有者による権利の行使）　回H25　予H28, R01
　株式が2以上の者の共有に属するときは，
共有者は，当該株式についての権利を行使
する者一人を定め，株式会社に対し，その
者の氏名又は名称を通知しなければ，当該
株式についての権利を行使することができ
ない。ただし，株式会社が当該権利を行使
することに同意した場合は，この限りでな
い。

第107条（株式の内容についての特別の定め）　予R02
　株式会社は，その発行する全部の株式の

内容として次に掲げる事項を定めることができる。

一　譲渡による当該株式の取得について当該株式会社の承認を要すること。

二　当該株式について，株主が当該株式会社に対してその取得を請求することができること。

三　当該株式について，当該株式会社が一定の事由が生じたことを条件としてこれを取得することができること。

2　株式会社は，全部の株式の内容として次の各号に掲げる事項を定めるときは，当該各号に定める事項を定款で定めなければならない。

一　譲渡による当該株式の取得について当該株式会社の承認を要すること　次に掲げる事項

イ　当該株式を譲渡により取得することについて当該株式会社の承認を要する旨

ロ　一定の場合においては株式会社が第136条又は第137条第1項の承認をしたものとみなすときは，その旨及び当該一定の場合

二　当該株式について，株主が当該株式会社に対してその取得を請求することができること　次に掲げる事項

イ　株主が当該株式会社に対して当該株主の有する株式を取得することを請求することができる旨

ロ　イの株式1株を取得するのと引換えに当該株主に対して当該株式会社の社債（新株予約権付社債についてのものを除く。）を交付するときは，当該社債の種類（第681条第1号に規定する種類をいう。以下この編において同じ。）及び種類ごとの各社債の金額の合計額又はその算定方法

ハ　イの株式1株を取得するのと引換えに当該株主に対して当該株式会社の新株予約権（新株予約権付社債に付されたものを除く。）を交付するときは，当該新株予約権の内容及び数又はその算定方法

ニ　イの株式1株を取得するのと引換えに当該株主に対して当該株式会社の新株予約権付社債を交付するときは，当該新株予約権付社債についてのロに規定する事項及び当該新株予約権付社債に付された新株予約権についてのハに規定する事項

ホ　イの株式1株を取得するのと引換えに当該株主に対して当該株式会社の株式等（株式，社債及び新株予約権をいう。以下同じ。）以外の財産を交付するときは，当該財産の内容及び数若しくは額又はこれらの算定方法

ヘ　株主が当該株式会社に対して当該株式を取得することを請求することができる期間

三　当該株式について，当該株式会社が一定の事由が生じたことを条件としてこれを取得することができること　次に掲げる事項

イ　一定の事由が生じた日に当該株式会社がその株式を取得する旨及びその事由

ロ　当該株式会社が別に定める日が到来することをもってイの事由とするときは，その旨

ハ　イの事由が生じた日にイの株式の一部を取得することとするときは，その旨及び取得する株式の一部の決定の方法

ニ　イの株式1株を取得するのと引換えに当該株主に対して当該株式会社の社債（新株予約権付社債についてのものを除く。）を交付するときは，当該社債の種類及び種類ごとの各社債の金額の合計額又はその算定方法

ホ　イの株式1株を取得するのと引換えに当該株主に対して当該株式会社の新株予約権（新株予約権付社債に付されたものを除く。）を交付するときは，当該新株予約権の内容及び数又はその算定方法

ヘ　イの株式1株を取得するのと引換えに当該株主に対して当該株式会社の新株予約権付社債を交付するときは，当該新株予約権付社債についてのニに規定する事項及び当該新株予約権付社債に付された新株予約権についてのホに規定する事項

ト　イの株式1株を取得するのと引換え

に当該株主に対して当該株式会社の株式等以外の財産を交付するときは，当該財産の内容及び数若しくは額又はこれらの算定方法

第108条（異なる種類の株式）　回R02

株式会社は，次に掲げる事項について異なる定めをした内容の異なる2以上の種類の株式を発行することができる。ただし，指名委員会等設置会社及び公開会社は，第9号に掲げる事項についての定めがある種類の株式を発行することができない。

一　剰余金の配当

二　残余財産の分配

三　株主総会において議決権を行使することができる事項

四　譲渡による当該種類の株式の取得について当該株式会社の承認を要すること。

五　当該種類の株式について，株主が当該株式会社に対してその取得を請求することができること。

六　当該種類の株式について，当該株式会社が一定の事由が生じたことを条件としてこれを取得することができること。

七　当該種類の株式について，当該株式会社が株主総会の決議によってその全部を取得すること。

八　株主総会（取締役会設置会社にあっては株主総会又は取締役会，清算人会設置会社（第478条第8項に規定する清算人会設置会社をいう。以下この条において同じ。）にあっては株主総会又は清算人会）において決議すべき事項のうち，当該決議のほか，当該種類の株式の種類株主を構成員とする種類株主総会の決議があることを必要とするもの

九　当該種類の株式の種類株主を構成員とする種類株主総会において取締役（監査等委員会設置会社にあっては，監査等委員である取締役又はそれ以外の取締役。次項第9号及び第112条第1項において同じ。）又は監査役を選任すること。

2　株式会社は，次の各号に掲げる事項について内容の異なる2以上の種類の株式を発行する場合には，当該各号に定める事項及び発行可能種類株式総数を定款で定めなければならない。

一　剰余金の配当　当該種類の株主に交付する配当財産の価額の決定の方法，剰余金の配当をする条件その他剰余金の配当に関する取扱いの内容

二　残余財産の分配　当該種類の株主に交付する残余財産の価額の決定の方法，当該残余財産の種類その他残余財産の分配に関する取扱いの内容

三　株主総会において議決権を行使することができる事項　次に掲げる事項

イ　株主総会において議決権を行使することができる事項

ロ　当該種類の株式につき議決権の行使の条件を定めるときは，その条件

四　譲渡による当該種類の株式の取得について当該株式会社の承認を要すること　当該種類の株式についての前条第2項第1号に定める事項

五　当該種類の株式について，株主が当該株式会社に対してその取得を請求することができること　次に掲げる事項

イ　当該種類の株式についての前条第2項第2号に定める事項

ロ　当該種類の株式1株を取得するのと引換えに当該株主に対して当該株式会社の他の株式を交付するときは，当該他の株式の種類及び種類ごとの数又はその算定方法

六　当該種類の株式について，当該株式会社が一定の事由が生じたことを条件としてこれを取得することができること　次に掲げる事項

イ　当該種類の株式についての前条第2項第3号に定める事項

ロ　当該種類の株式1株を取得するのと引換えに当該株主に対して当該株式会社の他の株式を交付するときは，当該他の株式の種類及び種類ごとの数又はその算定方法

七　当該種類の株式について，当該株式会社が株主総会の決議によってその全部を取得すること　次に掲げる事項

イ　第171条第1項第1号に規定する取得対価の価額の決定の方法

ロ　当該株主総会の決議をすることができるか否かについての条件を定めるときは，その条件

八　株主総会（取締役会設置会社にあって

商法

は株主総会又は取締役会，清算人会設置会社にあっては株主総会又は清算人会）において決議すべき事項のうち，当該決議のほか，当該種類の株式の種類株主を構成員とする種類株主総会の決議があることを必要とするもの　次に掲げる事項
イ　当該種類株主総会の決議があることを必要とする事項
ロ　当該種類株主総会の決議を必要とする条件を定めるときは，その条件
九　当該種類の株式の種類株主を構成員とする種類株主総会において取締役又は監査役を選任すること　次に掲げる事項
イ　当該種類株主を構成員とする種類株主総会において取締役又は監査役を選任すること及び選任する取締役又は監査役の数
ロ　イの定めにより選任することができる取締役又は監査役の全部又は一部を他の種類株主と共同して選任することとするときは，当該他の種類株主の有する株式の種類及び共同して選任する取締役又は監査役の数
ハ　イ又はロに掲げる事項を変更する条件があるときは，その条件及びその条件が成就した場合における変更後のイ又はロに掲げる事項
ニ　イからハまでに掲げるもののほか，法務省令で定める事項
3　前項の規定にかかわらず，同項各号に定める事項（剰余金の配当について内容の異なる種類の種類株主が配当を受けることができる額その他法務省令で定める事項に限る。）の全部又は一部については，当該種類の株式を初めて発行する時までに，株主総会（取締役会設置会社にあっては株主総会又は取締役会，清算人会設置会社にあっては株主総会又は清算人会）の決議によって定める旨を定款で定めることができる。この場合においては，その内容の要綱を定款で定めなければならない。

第109条（株主の平等）　司H25, H29, R01
　株式会社は，株主を，その有する株式の内容及び数に応じて，平等に取り扱わなければならない。
2　前項の規定にかかわらず，公開会社でない株式会社は，第105条第1項各号に掲げる権利に関する事項について，株主ごとに異なる取扱いを行う旨を定款で定めることができる。
3　前項の規定による定款の定めがある場合には，同項の株主が有する株式を同項の権利に関する事項について内容の異なる種類の株式とみなして，この編及び第5編の規定を適用する。

第116条（反対株主の株式買取請求）　司R02
　次の各号に掲げる場合には，反対株主は，株式会社に対し，自己の有する当該各号に定める株式を公正な価格で買い取ることを請求することができる。
一　その発行する全部の株式の内容として第107条第1項第1号に掲げる事項についての定めを設ける定款の変更をする場合　全部の株式
二　ある種類の株式の内容として第108条第1項第4号又は第7号に掲げる事項についての定めを設ける定款の変更をする場合　第111条第2項各号に規定する株式
三　次に掲げる行為をする場合において，ある種類の株式（第322条第2項の規定による定款の定めがあるものに限る。）を有する種類株主に損害を及ぼすおそれがあるとき　当該種類の株式
イ　株式の併合又は株式の分割
ロ　第185条に規定する株式無償割当て
ハ　単元株式数についての定款の変更
ニ　当該株式会社の株式を引き受ける者の募集（第202条第1項各号に掲げる事項を定めるものに限る。）
ホ　当該株式会社の新株予約権を引き受ける者の募集（第241条第1項各号に掲げる事項を定めるものに限る。）
ヘ　第277条に規定する新株予約権無償割当て
2　前項に規定する「反対株主」とは，次の各号に掲げる場合における当該各号に定める株主をいう。
一　前項各号の行為をするために株主総会（種類株主総会を含む。）の決議を要する場合　次に掲げる株主
イ　当該株主総会に先立って当該行為に反対する旨を当該株式会社に対し通知し，かつ，当該株主総会において当該行為に反対した株主（当該株主総会に

重要条文一覧　**109**

　　おいて議決権を行使することができる
　　ものに限る。）
　ロ　当該株主総会において議決権を行使
　　することができない株主
　二　前号に規定する場合以外の場合　すべ
　　ての株主
3　第1項各号の行為をしようとする株式会社
は，当該行為が効力を生ずる日（以下この
条及び次条において「効力発生日」という。）
の20日前までに，同項各号に定める株式の
株主に対し，当該行為をする旨を通知しな
ければならない。
4　前項の規定による通知は，公告をもってこ
れに代えることができる。
5　第1項の規定による請求（以下この節にお
いて「株式買取請求」という。）は，効力発
生日の20日前の日から効力発生日の前日ま
での間に，その株式買取請求に係る株式の
数（種類株式発行会社にあっては，株式の
種類及び種類ごとの数）を明らかにしてし
なければならない。
6　株券が発行されている株式について株式買
取請求をしようとするときは，当該株式の
株主は，株式会社に対し，当該株式に係る
株券を提出しなければならない。ただし，
当該株券について第223条の規定による請求
をした者については，この限りでない。
7　株式買取請求をした株主は，株式会社の承
諾を得た場合に限り，その株式買取請求を
撤回することができる。
8　株式会社が第1項各号の行為を中止したと
きは，株式買取請求は，その効力を失う。
9　第133条の規定は，株式買取請求に係る株
式については，適用しない。
第120条（株主等の権利の行使に関する利益の
供与）　H20, H30
　　株式会社は，何人に対しても，株主の権利，
当該株式会社に係る適格旧株主（第847条の
2第9項に規定する適格旧株主をいう。）の
権利又は当該株式会社の最終完全親会社等
（第847条の3第1項に規定する最終完全親
会社等をいう。）の株主の権利の行使に関し，
財産上の利益の供与（当該株式会社又はそ
の子会社の計算においてするものに限る。
以下この条において同じ。）をしてはならな
い。
2　株式会社が特定の株主に対して無償で財産

上の利益の供与をしたときは，当該株式会
社は，株主の権利の行使に関し，財産上の
利益の供与をしたものと推定する。株式会
社が特定の株主に対して有償で財産上の利
益の供与をした場合において，当該株式会
社又はその子会社の受けた利益が当該財産
上の利益に比して著しく少ないときも，同
様とする。
3　株式会社が第1項の規定に違反して財産上
の利益の供与をしたときは，当該利益の供
与を受けた者は，これを当該株式会社又は
その子会社に返還しなければならない。こ
の場合において，当該利益の供与を受けた
者は，当該株式会社又はその子会社に対し
て当該利益と引換えに給付をしたものがあ
るときは，その返還を受けることができる。
4　株式会社が第1項の規定に違反して財産上
の利益の供与をしたときは，当該利益の供
与をすることに関与した取締役（指名委員
会等設置会社にあっては，執行役を含む。
以下この項において同じ。）として法務省令
で定める者は，当該株式会社に対して，連
帯して，供与した利益の価額に相当する額
を支払う義務を負う。ただし，その者（当
該利益の供与をした取締役を除く。）がその
職務を行うについて注意を怠らなかったこ
とを証明した場合は，この限りでない。
5　前項の義務は，総株主の同意がなければ，
免除することができない。
第124条（基準日）　H29, H30
　　株式会社は，一定の日（以下この章にお
いて「基準日」という。）を定めて，基準日
において株主名簿に記載され，又は記録さ
れている株主（以下この条において「基準
日株主」という。）をその権利を行使するこ
とができる者と定めることができる。
2　基準日を定める場合には，株式会社は，基
準日株主が行使することができる権利（基
準日から3箇月以内に行使するものに限
る。）の内容を定めなければならない。
3　株式会社は，基準日を定めたときは，当該
基準日の2週間前までに，当該基準日及び
前項の規定により定めた事項を公告しなけ
ればならない。ただし，定款に当該基準日
及び当該事項について定めがあるときは，
この限りでない。
4　基準日株主が行使することができる権利が

株主総会又は種類株主総会における議決権
である場合には，株式会社は，当該基準日
後に株式を取得した者の全部又は一部を当
該権利を行使することができる者と定める
ことができる。ただし，当該株式の基準日
株主の権利を害することができない。

5　第1項から第3項までの規定は，第149条
第1項に規定する登録株式質権者について
準用する。

第126条（株主に対する通知等）　予H28
　　株式会社が株主に対してする通知又は催
告は，株主名簿に記載し，又は記録した当
該株主の住所（当該株主が別に通知又は催
告を受ける場所又は連絡先を当該株式会社
に通知した場合にあっては，その場所又は
連絡先）にあてて発すれば足りる。

2　前項の通知又は催告は，その通知又は催告
が通常到達すべきであった時に，到達した
ものとみなす。

3　株式が2以上の者の共有に属するときは，
共有者は，株式会社が株主に対してする通
知又は催告を受領する者一人を定め，当該
株式会社に対し，その者の氏名又は名称を
通知しなければならない。この場合におい
ては，その者を株主とみなして，前2項の
規定を適用する。

4　前項の規定による共有者の通知がない場合
には，株式会社が株式の共有者に対してす
る通知又は催告は，そのうちの一人に対し
てすれば足りる。

5　前各項の規定は，第299条第1項（第325
条において準用する場合を含む。）の通知に
際して株主に書面を交付し，又は当該書面
に記載すべき事項を電磁的方法により提供
する場合について準用する。この場合にお
いて，第2項中「到達したもの」とあるのは，
「当該書面の交付又は当該事項の電磁的方法
による提供があったもの」と読み替えるも
のとする。

第128条（株券発行会社の株式の譲渡）　司H25
　　株券発行会社の株式の譲渡は，当該株式
に係る株券を交付しなければ，その効力を
生じない。ただし，自己株式の処分による
株式の譲渡については，この限りでない。

2　株券の発行前にした譲渡は，株券発行会社
に対し，その効力を生じない。

第130条（株式の譲渡の対抗要件）　司H25, H29

予H23
　　株式の譲渡は，その株式を取得した者の
氏名又は名称及び住所を株主名簿に記載し，
又は記録しなければ，株式会社その他の第
三者に対抗することができない。

2　株券発行会社における前項の規定の適用に
ついては，同項中「株式会社その他の第三者」
とあるのは，「株式会社」とする。

第133条（株主の請求による株主名簿記載事項
　の記載又は記録）　予R01
　　株式を当該株式を発行した株式会社以外
の者から取得した者（当該株式会社を除く。
以下この節において「株式取得者」という。）
は，当該株式会社に対し，当該株式に係る
株主名簿記載事項を株主名簿に記載し，又
は記録することを請求することができる。

2　前項の規定による請求は，利害関係人の利
益を害するおそれがないものとして法務省
令で定める場合を除き，その取得した株式
の株主として株主名簿に記載され，若しく
は記録された者又はその相続人その他の一
般承継人と共同してしなければならない。

第134条　予R01
　　前条の規定は，株式取得者が取得した株
式が譲渡制限株式である場合には，適用し
ない。ただし，次のいずれかに該当する場
合は，この限りでない。
　一　当該株式取得者が当該譲渡制限株式を
　　取得することについて第136条の承認を
　　受けていること。
　二　当該株式取得者が当該譲渡制限株式を
　　取得したことについて第137条第1項の
　　承認を受けていること。
　三　当該株式取得者が第140条第4項に規定
　　する指定買取人であること。
　四　当該株式取得者が相続その他の一般承
　　継により譲渡制限株式を取得した者であ
　　ること。

第136条（株主からの承認の請求）　司H25　予R01,
R02
　　譲渡制限株式の株主は，その有する譲渡
制限株式を他人（当該譲渡制限株式を発行
した株式会社を除く。）に譲り渡そうとする
ときは，当該株式会社に対し，当該他人が
当該譲渡制限株式を取得することについて
承認をするか否かの決定をすることを請求
することができる。

重要条文一覧

第139条（譲渡等の承認の決定等）　同H25　予R02
　　株式会社が第136条又は第137条第1項の承認をするか否かの決定をするには，株主総会（取締役会設置会社にあっては，取締役会）の決議によらなければならない。ただし，定款に別段の定めがある場合は，この限りでない。
2　株式会社は，前項の決定をしたときは，譲渡等承認請求をした者（以下この款において「譲渡等承認請求者」という。）に対し，当該決定の内容を通知しなければならない。

第145条（株式会社が承認をしたとみなされる場合）　同H25　予H23
　　次に掲げる場合には，株式会社は，第136条又は第137条第1項の承認をする旨の決定をしたものとみなす。ただし，株式会社と譲渡等承認請求者との合意により別段の定めをしたときは，この限りでない。
一　株式会社が第136条又は第137条第1項の規定による請求の日から2週間（これを下回る期間を定款で定めた場合にあっては，その期間）以内に第139条第2項の規定による通知をしなかった場合
二　株式会社が第139条第2項の規定による通知の日から40日（これを下回る期間を定款で定めた場合にあっては，その期間）以内に第141条第1項の規定による通知をしなかった場合（指定買取人が第139条第2項の規定による通知の日から10日（これを下回る期間を定款で定めた場合にあっては，その期間）以内に第142条第1項の規定による通知をした場合を除く。）
三　前2号に掲げる場合のほか，法務省令で定める場合

第155条　予R02
　　株式会社は，次に掲げる場合に限り，当該株式会社の株式を取得することができる。
一　第107条第2項第3号イの事由が生じた場合
二　第138条第1号ハ又は第2号ハの請求があった場合
三　次条第1項の決議があった場合
四　第166条第1項の規定による請求があった場合
五　第171条第1項の決議があった場合
六　第176条第1項の規定による請求をした場合

七　第192条第1項の規定による請求があった場合
八　第197条第3項各号に掲げる事項を定めた場合
九　第234条第4項各号（第235条第2項において準用する場合を含む。）に掲げる事項を定めた場合
十　他の会社（外国会社を含む。）の事業の全部を譲り受ける場合において当該他の会社が有する当該株式会社の株式を取得する場合
十一　合併後消滅する会社から当該株式会社の株式を承継する場合
十二　吸収分割をする会社から当該株式会社の株式を承継する場合
十三　前各号に掲げる場合のほか，法務省令で定める場合

第156条（株式の取得に関する事項の決定）　予R02
　　株式会社が株主との合意により当該株式会社の株式を有償で取得するには，あらかじめ，株主総会の決議によって，次に掲げる事項を定めなければならない。ただし，第3号の期間は，1年を超えることができない。
一　取得する株式の数（種類株式発行会社にあっては，株式の種類及び種類ごとの数）
二　株式を取得するのと引換えに交付する金銭等（当該株式会社の株式等を除く。以下この款において同じ。）の内容及びその総額
三　株式を取得することができる期間
2　前項の規定は，前条第1号及び第2号並びに第4号から第13号までに掲げる場合には，適用しない。

第160条（特定の株主からの取得）　同H23　予R02
　　株式会社は，第156条第1項各号に掲げる事項の決定に併せて，同項の株主総会の決議によって，第158条第1項の規定による通知を特定の株主に対して行う旨を定めることができる。
2　株式会社は，前項の規定による決定をしようとするときは，法務省令で定める時までに，株主（種類株式発行会社にあっては，取得する株式の種類の種類株主）に対し，

次項の規定による請求をすることができる旨を通知しなければならない。

3　前項の株主は，第1項の特定の株主に自己をも加えたものを同項の株主総会の議案とすることを，法務省令で定める時までに，請求することができる。

4　第1項の特定の株主は，第156条第1項の株主総会において議決権を行使することができない。ただし，第1項の特定の株主以外の株主の全部が当該株主総会において議決権を行使することができない場合は，この限りでない。

5　第1項の特定の株主を定めた場合における第158条第1項の規定の適用については，同項中「株主（種類株式発行会社にあっては，取得する株式の種類の種類株主）」とあるのは，「第160条第1項の特定の株主」とする。

第161条（市場価格のある株式の取得の特則）
🔲H23
　前条第2項及び第3項の規定は，取得する株式が市場価格のある株式である場合において，当該株式1株を取得するのと引換えに交付する金銭等の額が当該株式1株の市場価格として法務省令で定める方法により算定されるものを超えないときは，適用しない。

第162条（相続人等からの取得の特則）　🔲H23
　第160条第2項及び第3項の規定は，株式会社が株主の相続人その他の一般承継人からその相続その他の一般承継により取得した当該株式会社の株式を取得する場合には，適用しない。ただし，次のいずれかに該当する場合は，この限りでない。
一　株式会社が公開会社である場合
二　当該相続人その他の一般承継人が株主総会又は種類株主総会において当該株式について議決権を行使した場合

第174条（相続人等に対する売渡しの請求に関する定款の定め）　🔲H30
　株式会社は，相続その他の一般承継により当該株式会社の株式（譲渡制限株式に限る。）を取得した者に対し，当該株式を当該株式会社に売り渡すことを請求することができる旨を定款で定めることができる。

第175条（売渡しの請求の決定）　🔲H30
　株式会社は，前条の規定による定款の定めがある場合において，次条第1項の規定

による請求をしようとするときは，その都度，株主総会の決議によって，次に掲げる事項を定めなければならない。
一　次条第1項の規定による請求をする株式の数（種類株式発行会社にあっては，株式の種類及び種類ごとの数）
二　前号の株式を有する者の氏名又は名称

2　前項第2号の者は，同項の株主総会において議決権を行使することができない。ただし，同号の者以外の株主の全部が当該株主総会において議決権を行使することができない場合は，この限りでない。

第176条（売渡しの請求）　🔲H30
　株式会社は，前条第1項各号に掲げる事項を定めたときは，同項第2号の者に対し，同項第1号の株式を当該株式会社に売り渡すことを請求することができる。ただし，当該株式会社が相続その他の一般承継があったことを知った日から1年を経過したときは，この限りでない。

2　前項の規定による請求は，その請求に係る株式の数（種類株式発行会社にあっては，株式の種類及び種類ごとの数）を明らかにしてしなければならない。

3　株式会社は，いつでも，第1項の規定による請求を撤回することができる。

第180条（株式の併合）🔲H29, R02
　株式会社は，株式の併合をすることができる。

2　株式会社は，株式の併合をしようとするときは，その都度，株主総会の決議によって，次に掲げる事項を定めなければならない。
一　併合の割合
二　株式の併合がその効力を生ずる日（以下この款において「効力発生日」という。）
三　株式会社が種類株式発行会社である場合には，併合する株式の種類
四　効力発生日における発行可能株式総数

3　前項第4号の発行可能株式総数は，効力発生日における発行済株式の総数の四倍を超えることができない。ただし，株式会社が公開会社でない場合は，この限りでない。

4　取締役は，第2項の株主総会において，株式の併合をすることを必要とする理由を説明しなければならない。

第182条の3（株式の併合をやめることの請求）
🔲R02

株式の併合が法令又は定款に違反する場合において、株主が不利益を受けるおそれがあるときは、株主は、株式会社に対し、当該株式の併合をやめることを請求することができる。

第182条の4（反対株主の株式買取請求）　司 H29
　　株式会社が株式の併合をすることにより株式の数に1株に満たない端数が生ずる場合には、反対株主は、当該株式会社に対し、自己の有する株式のうち1株に満たない端数となるものの全部を公正な価格で買い取ることを請求することができる。

2　前項に規定する「反対株主」とは、次に掲げる株主をいう。
　一　第180条第2項の株主総会に先立って当該株式の併合に反対する旨を当該株式会社に対し通知し、かつ、当該株主総会において当該株式の併合に反対した株主（当該株主総会において議決権を行使することができるものに限る。）
　二　当該株主総会において議決権を行使することができない株主

3　株式会社が株式の併合をする場合における株主に対する通知についての第181条第1項の規定の適用については、同項中「2週間」とあるのは、「20日」とする。

4　第1項の規定による請求（以下この款において「株式買取請求」という。）は、効力発生日の20日前の日から効力発生日の前日までの間に、その株式買取請求に係る株式の数（種類株式発行会社にあっては、株式の種類及び種類ごとの数）を明らかにしてしなければならない。

5　株券が発行されている株式について株式買取請求をしようとするときは、当該株式の株主は、株式会社に対し、当該株式に係る株券を提出しなければならない。ただし、当該株券について第223条の規定による請求をした者については、この限りでない。

6　株式買取請求をした株主は、株式会社の承諾を得た場合に限り、その株式買取請求を撤回することができる。

7　第133条の規定は、株式買取請求に係る株式については、適用しない。

第182条の5（株式の価格の決定等）　司 H29
　　株式買取請求があった場合において、株式の価格の決定について、株主と株式会社との間に協議が調ったときは、株式会社は、効力発生日から60日以内にその支払をしなければならない。

2　株式の価格の決定について、効力発生日から30日以内に協議が調わないときは、株主又は株式会社は、その期間の満了の日後30日以内に、裁判所に対し、価格の決定の申立てをすることができる。

3　前条第6項の規定にかかわらず、前項に規定する場合において、効力発生日から60日以内に同項の申立てがないときは、その期間の満了後は、株主は、いつでも、株式買取請求を撤回することができる。

4　株式会社は、裁判所の決定した価格に対する第1項の期間の満了の日後の法定利率による利息をも支払わなければならない。

5　株式会社は、株式の価格の決定があるまでは、株主に対し、当該株式会社が公正な価格と認める額を支払うことができる。

6　株式買取請求に係る株式の買取りは、効力発生日に、その効力を生ずる。

7　株券発行会社は、株券が発行されている株式について株式買取請求があったときは、株券と引換えに、その株式買取請求に係る株式の代金を支払わなければならない。

第199条（募集事項の決定）　司 H19, H23, H25, H26, R02　予 H26, H29
　　株式会社は、その発行する株式又はその処分する自己株式を引き受ける者の募集をしようとするときは、その都度、募集株式（当該募集に応じてこれらの株式の引受けの申込みをした者に対して割り当てる株式をいう。以下この節において同じ。）について次に掲げる事項を定めなければならない。
　一　募集株式の数（種類株式発行会社にあっては、募集株式の種類及び数。以下この節において同じ。）
　二　募集株式の払込金額（募集株式1株と引換えに払い込む金銭又は給付する金銭以外の財産の額をいう。以下この節において同じ。）又はその算定方法
　三　金銭以外の財産を出資の目的とするときは、その旨並びに当該財産の内容及び価額
　四　募集株式と引換えにする金銭の払込み又は前号の財産の給付の期日又はその期間

五　株式を発行するときは，増加する資本
　　金及び資本準備金に関する事項
2　前項各号に掲げる事項（以下この節におい
　て「募集事項」という。）の決定は，株主総
　会の決議によらなければならない。
3　第１項第２号の払込金額が募集株式を引き
　受ける者に特に有利な金額である場合には，
　取締役は，前項の株主総会において，当該
　払込金額でその者の募集をすることを必要
　とする理由を説明しなければならない。
4　種類株式発行会社において，第１項第１号
　の募集株式の種類が譲渡制限株式であると
　きは，当該種類の株式に関する募集事項の
　決定は，当該種類の株式を引き受ける者の
　募集について当該種類の株式の種類株主を
　構成員とする種類株主総会の決議を要しな
　い旨の定款の定めがある場合を除き，当該
　種類株主総会の決議がなければ，その効力
　を生じない。ただし，当該種類株主総会に
　おいて議決権を行使することができる種類
　株主が存しない場合は，この限りでない。
5　募集事項は，第１項の募集ごとに，均等に
　定めなければならない。

第201条（公開会社における募集事項の決定の
　特則）　**□** H19, R02　**予** H29
　　第199条第３項に規定する場合を除き，公
　開会社における同条第２項の規定の適用に
　ついては，同項中「株主総会」とあるのは，「取
　締役会」とする。この場合においては，前
　条の規定は，適用しない。
2　前項の規定により読み替えて適用する第
　199条第２項の取締役会の決議によって募集
　事項を定める場合において，市場価格のあ
　る株式を引き受ける者の募集をするときは，
　同条第１項第２号に掲げる事項に代えて，
　公正な価額による払込みを実現するために
　適当な払込金額の決定の方法を定めること
　ができる。
3　公開会社は，第１項の規定により読み替え
　て適用する第199条第２項の取締役会の決議
　によって募集事項を定めたときは，同条第
　１項第４号の期日（同号の期間を定めた場
　合にあっては，その期間の初日）の２週間
　前までに，株主に対し，当該募集事項（前
　項の規定により払込金額の決定の方法を定
　めた場合にあっては，その方法を含む。以
　下この節において同じ。）を通知しなければ

ならない。
4　前項の規定による通知は，公告をもってこ
　れに代えることができる。
5　第３項の規定は，株式会社が募集事項につ
　いて同項に規定する期日の２週間前までに
　金融商品取引法第４条第１項から第３項ま
　での届出をしている場合その他の株主の保
　護に欠けるおそれがないものとして法務省
　令で定める場合には，適用しない。

第202条（株主に株式の割当てを受ける権利を
　与える場合）　**□** H25
　　株式会社は，第199条第１項の募集にお
　いて，株主に株式の割当てを受ける権利を
　与えることができる。この場合においては，
　募集事項のほか，次に掲げる事項を定めな
　ければならない。
　一　株主に対し，次条第２項の申込みをす
　　ることにより当該株式会社の募集株式（種
　　類株式発行会社にあっては，当該株主の
　　有する種類の株式と同一の種類のもの）
　　の割当てを受ける権利を与える旨
　二　前号の募集株式の引受けの申込みの期
　　日
2　前項の場合には，同項第１号の株主（当該
　株式会社を除く。）は，その有する株式の数
　に応じて募集株式の割当てを受ける権利を
　有する。ただし，当該株主が割当てを受け
　る募集株式の数に１株に満たない端数があ
　るときは，これを切り捨てるものとする。
3　第１項各号に掲げる事項を定める場合に
　は，募集事項及び同項各号に掲げる事項は，
　次の各号に掲げる場合の区分に応じ，当該
　各号に定める方法によって定めなければな
　らない。
　一　当該募集事項及び第１項各号に掲げる
　　事項を取締役の決定によって定めること
　　ができる旨の定款の定めがある場合（株
　　式会社が取締役会設置会社である場合を
　　除く。）　取締役の決定
　二　当該募集事項及び第１項各号に掲げる
　　事項を取締役会の決議によって定めるこ
　　とができる旨の定款の定めがある場合（次
　　号に掲げる場合を除く。）　取締役会の決
　　議
　三　株式会社が公開会社である場合　取締
　　役会の決議
　四　前３号に掲げる場合以外の場合　株主

総会の決議

4　株式会社は，第1項各号に掲げる事項を定めた場合には，同項第2号の期日の2週間前までに，同項第1号の株主（当該株式会社を除く。）に対し，次に掲げる事項を通知しなければならない。

一　募集事項

二　当該株主が割当てを受ける募集株式の数

三　第1項第2号の期日

5　第199条第2項から第4項まで及び前2条の規定は，第1項から第3項までの規定により株主に株式の割当てを受ける権利を与える場合には，適用しない。

第203条（募集株式の申込み）　🖐H29

　　株式会社は，第199条第1項の募集に応じて募集株式の引受けの申込みをしようとする者に対し，次に掲げる事項を通知しなければならない。

一　株式会社の商号

二　募集事項

三　金銭の払込みをすべきときは，払込みの取扱いの場所

四　前3号に掲げるもののほか，法務省令で定める事項

2　第199条第1項の募集に応じて募集株式の引受けの申込みをする者は，次に掲げる事項を記載した書面を株式会社に交付しなければならない。

一　申込みをする者の氏名又は名称及び住所

二　引き受けようとする募集株式の数

3　前項の申込みをする者は，同項の書面の交付に代えて，政令で定めるところにより，株式会社の承諾を得て，同項の書面に記載すべき事項を電磁的方法により提供することができる。この場合において，当該申込みをした者は，同項の書面を交付したものとみなす。

4　第1項の規定は，株式会社が同項各号に掲げる事項を記載した金融商品取引法第2条第10項に規定する目論見書を第1項の申込みをしようとする者に対して交付している場合その他募集株式の引受けの申込みをしようとする者の保護に欠けるおそれがないものとして法務省令で定める場合には，適用しない。

5　株式会社は，第1項各号に掲げる事項について変更があったときは，直ちに，その旨及び当該変更があった事項を第2項の申込みをした者（以下この款において「申込者」という。）に通知しなければならない。

6　株式会社が申込者に対してする通知又は催告は，第2項第1号の住所（当該申込者が別に通知又は催告を受ける場所又は連絡先を当該株式会社に通知した場合にあっては，その場所又は連絡先）にあてて発すれば足りる。

7　前項の通知又は催告は，その通知又は催告が通常到達すべきであった時に，到達したものとみなす。

第204条（募集株式の割当て）　🖐H29

　　株式会社は，申込者の中から募集株式の割当てを受ける者を定め，かつ，その者に割り当てる募集株式の数を定めなければならない。この場合において，株式会社は，当該申込者に割り当てる募集株式の数を，前条第2項第2号の数よりも減少することができる。

2　募集株式が譲渡制限株式である場合には，前項の規定による決定は，株主総会（取締役会設置会社にあっては，取締役会）の決議によらなければならない。ただし，定款に別段の定めがある場合は，この限りでない。

3　株式会社は，第199条第1項第4号の期日（同号の期間を定めた場合にあっては，その期間の初日）の前日までに，申込者に対し，当該申込者に割り当てる募集株式の数を通知しなければならない。

4　第202条の規定により株主に株式の割当てを受ける権利を与えた場合において，株主が同条第1項第2号の期日までに前条第2項の申込みをしないときは，当該株主は，募集株式の割当てを受ける権利を失う。

第205条（募集株式の申込み及び割当てに関する特則）　🖐H29

　　前2条の規定は，募集株式を引き受けようとする者がその総数の引受けを行う契約を締結する場合には，適用しない。

2　前項に規定する場合において，募集株式が譲渡制限株式であるときは，株式会社は，株主総会（取締役会設置会社にあっては，取締役会）の決議によって，同項の契約の

承認を受けなければならない。ただし，定款に別段の定めがある場合は，この限りでない。

3　第202条の2第1項後段の規定による同項各号に掲げる事項についての定めがある場合には，定款又は株主総会の決議による第361条第1項第3号に掲げる事項についての定めに係る取締役（取締役であった者を含む。）以外の者は，第203条第2項の申込みをし，又は第1項の契約を締結することができない。

4　前項に規定する場合における前条第3項並びに第206条の2第1項，第3項及び第4項の規定の適用については，前条第3項及び第206条の2第1項中「第199条第1項第4号の期日（同号の期間を定めた場合にあっては，その期間の初日）」とあり，同条第3項中「同項に規定する期日」とあり，並びに同条第4項中「第1項に規定する期日」とあるのは，「割当日」とする。

5　指名委員会等設置会社における第3項の規定の適用については，同項中「定款又は株主総会の決議による第361条第1項第3号に掲げる事項についての定め」とあるのは「報酬委員会による第409条第3項第3号に定める事項についての決定」と，「取締役」とあるのは「執行役又は取締役」とする。

第206条（募集株式の引受け）予H29

次の各号に掲げる者は，当該各号に定める募集株式の数について募集株式の引受人となる。

一　申込者　株式会社の割り当てた募集株式の数

二　前条第1項の契約により募集株式の総数を引き受けた者　その者が引き受けた募集株式の数

第207条　予H29

株式会社は，第199条第1項第3号に掲げる事項を定めたときは，募集事項の決定の後遅滞なく，同号の財産（以下この節において「現物出資財産」という。）の価額を調査させるため，裁判所に対し，検査役の選任の申立てをしなければならない。

2　前項の申立てがあった場合には，裁判所は，これを不適法として却下する場合を除き，検査役を選任しなければならない。

3　裁判所は，前項の検査役を選任した場合には，株式会社が当該検査役に対して支払う報酬の額を定めることができる。

4　第2項の検査役は，必要な調査を行い，当該調査の結果を記載し，又は記録した書面又は電磁的記録（法務省令で定めるものに限る。）を裁判所に提供して報告をしなければならない。

5　裁判所は，前項の報告について，その内容を明瞭にし，又はその根拠を確認するため必要があると認めるときは，第2項の検査役に対し，更に前項の報告を求めることができる。

6　第2項の検査役は，第4項の報告をしたときは，株式会社に対し，同項の書面の写しを交付し，又は同項の電磁的記録に記録された事項を法務省令で定める方法により提供しなければならない。

7　裁判所は，第4項の報告を受けた場合において，現物出資財産について定められた第199条第1項第3号の価額（第2項の検査役の調査を経ていないものを除く。）を不当と認めたときは，これを変更する決定をしなければならない。

8　募集株式の引受人（現物出資財産を給付する者に限る。以下この条において同じ。）は，前項の決定により現物出資財産の価額の全部又は一部が変更された場合には，当該決定の確定後1週間以内に限り，その募集株式の引受けの申込み又は第205条第1項の契約に係る意思表示を取り消すことができる。

9　前各項の規定は，次の各号に掲げる場合には，当該各号に定める事項については，適用しない。

一　募集株式の引受人に割り当てる株式の総数が発行済株式の総数の10分の1を超えない場合　当該募集株式の引受人が給付する現物出資財産の価額

二　現物出資財産について定められた第199条第1項第3号の価額の総額が500万円を超えない場合　当該現物出資財産の価額

三　現物出資財産のうち，市場価格のある有価証券について定められた第199条第1項第3号の価額が当該有価証券の市場価格として法務省令で定める方法により算定されるものを超えない場合　当該有価証券についての現物出資財産の価額

四 現物出資財産について定められた第199条第1項第3号の価額が相当であることについて弁護士，弁護士法人，公認会計士，監査法人，税理士又は税理士法人の証明（現物出資財産が不動産である場合にあっては，当該証明及び不動産鑑定士の鑑定評価。以下この号において同じ。）を受けた場合 当該証明を受けた現物出資財産の価額

五 現物出資財産が株式会社に対する金銭債権（弁済期が到来しているものに限る。）であって，当該金銭債権について定められた第199条第1項第3号の価額が当該金銭債権に係る負債の帳簿価額を超えない場合 当該金銭債権についての現物出資財産の価額

10 次に掲げる者は，前項第4号に規定する証明をすることができない。

一 取締役，会計参与，監査役若しくは執行役又は支配人その他の使用人

二 募集株式の引受人

三 業務の停止の処分を受け，その停止の期間を経過しない者

四 弁護士法人，監査法人又は税理士法人であって，その社員の半数以上が第1号又は第2号に掲げる者のいずれかに該当するもの

第208条（出資の履行） 司H22 予H29

募集株式の引受人（現物出資財産を給付する者を除く。）は，第199条第1項第4号の期日又は同号の期間内に，株式会社が定めた銀行等の払込みの取扱いの場所において，それぞれの募集株式の払込金額の全額を払い込まなければならない。

2 募集株式の引受人（現物出資財産を給付する者に限る。）は，第199条第1項第4号の期日又は同号の期間内に，それぞれの募集株式の払込金額の全額に相当する現物出資財産を給付しなければならない。

3 募集株式の引受人は，第1項の規定による払込み又は前項の規定による給付（以下この款において「出資の履行」という。）をする債務と株式会社に対する債権とを相殺することができない。

4 出資の履行をすることにより募集株式の株主となる権利の譲渡は，株式会社に対抗することができない。

5 募集株式の引受人は，出資の履行をしないときは，当該出資の履行をすることにより募集株式の株主となる権利を失う。

第209条（株主となる時期等） 司R02 予H29

募集株式の引受人は，次の各号に掲げる場合には，当該各号に定める日に，出資の履行をした募集株式の株主となる。

一 第199条第1項第4号の期日を定めた場合 当該期日

二 第199条第1項第4号の期間を定めた場合 出資の履行をした日

2 募集株式の引受人は，第213条の2第1項各号に掲げる場合には，当該各号に定める支払若しくは給付又は第213条の3第1項の規定による支払がされた後でなければ，出資の履行を仮装した募集株式について，株主の権利を行使することができない。

3 前項の募集株式を譲り受けた者は，当該募集株式についての株主の権利を行使することができる。ただし，その者に悪意又は重大な過失があるときは，この限りでない。

4 第1項の規定にかかわらず，第202条の2第1項後段の規定による同項各号に掲げる事項についての定めがある場合には，募集株式の引受人は，割当日に，その引き受けた募集株式の株主となる。

第210条 司H19, H25, R02

次に掲げる場合において，株主が不利益を受けるおそれがあるときは，株主は，株式会社に対し，第199条第1項の募集に係る株式の発行又は自己株式の処分をやめることを請求することができる。

一 当該株式の発行又は自己株式の処分が法令又は定款に違反する場合

二 当該株式の発行又は自己株式の処分が著しく不公正な方法により行われる場合

第213条の2（出資の履行を仮装した募集株式の引受人の責任） 司H22 予H29

募集株式の引受人は，次の各号に掲げる場合には，株式会社に対し，当該各号に定める行為をする義務を負う。

一 第208条第1項の規定による払込みを仮装した場合 払込みを仮装した払込金額の全額の支払

二 第208条第2項の規定による給付を仮装した場合 給付を仮装した現物出資財産の給付（株式会社が当該給付に代えて当

該現物出資財産の価額に相当する金銭の支払を請求した場合にあっては、当該金銭の全額の支払）

2　前項の規定により募集株式の引受人の負う義務は、総株主の同意がなければ、免除することができない。

第213条の3（出資の履行を仮装した場合の取締役等の責任）　司H22　予H29

前条第1項各号に掲げる場合には、募集株式の引受人が出資の履行を仮装することに関与した取締役（指名委員会等設置会社にあっては、執行役を含む。）として法務省令で定める者は、株式会社に対し、当該各号に規定する支払をする義務を負う。ただし、その者（当該出資の履行を仮装したものを除く。）がその職務を行うについて注意を怠らなかったことを証明した場合は、この限りでない。

2　募集株式の引受人が前条第1項各号に規定する支払をする義務を負う場合において、前項に規定する者が同項の義務を負うときは、これらの者は、連帯債務者とする。

第234条（1に満たない端数の処理）　司H29

次の各号に掲げる行為に際して当該各号に定める者に当該株式会社の株式を交付する場合において、その者に対し交付しなければならない当該株式会社の株式の数に1株に満たない端数があるときは、その端数の合計数（その合計数に1に満たない端数がある場合にあっては、これを切り捨てるものとする。）に相当する数の株式を競売し、かつ、その端数に応じてその競売により得られた代金を当該者に交付しなければならない。

一　第170条第1項の規定による株式の取得　当該株式会社の株主

二　第173条第1項の規定による株式の取得　当該株式会社の株主

三　第185条に規定する株式無償割当て　当該株式会社の株主

四　第275条第1項の規定による新株予約権の取得　第236条第1項第7号イの新株予約権の新株予約権者

五　合併（合併により当該株式会社が存続する場合に限る。）　合併後消滅する会社の株主又は社員

六　合併契約に基づく設立時発行株式の発行　合併後消滅する会社の株主又は社員

七　株式交換による他の株式会社の発行済株式全部の取得　株式交換をする株式会社の株主

八　株式移転計画に基づく設立時発行株式の発行　株式移転をする株式会社の株主

九　株式交付　株式交付親会社（第774条の3第1項第1号に規定する株式交付親会社をいう。）に株式交付に際して株式交付子会社（同号に規定する株式交付子会社をいう。）の株式又は新株予約権等（同項第7号に規定する新株予約権等をいう。）を譲り渡した者

2　株式会社は、前項の規定による競売に代えて、市場価格のある同項の株式については市場価格として法務省令で定める方法により算定される額をもって、市場価格のない同項の株式については裁判所の許可を得て競売以外の方法により、これを売却することができる。この場合において、当該許可の申立ては、取締役が2人以上あるときは、その全員の同意によってしなければならない。

3　前項の規定により第1項の株式を売却した場合における同項の規定の適用については、同項中「競売により」とあるのは、「売却により」とする。

4　株式会社は、第2項の規定により売却する株式の全部又は一部を買い取ることができる。この場合においては、次に掲げる事項を定めなければならない。

一　買い取る株式の数（種類株式発行会社にあっては、株式の種類及び種類ごとの数）

二　前号の株式の買取りをするのと引換えに交付する金銭の総額

5　取締役会設置会社においては、前項各号に掲げる事項の決定は、取締役会の決議によらなければならない。

6　第1項から第4項までの規定は、第1項各号に掲げる行為に際して当該各号に定める者に当該株式会社の社債又は新株予約権を交付するときについて準用する。

第235条　司H29

株式会社が株式の分割又は株式の併合をすることにより株式の数に1株に満たない端数が生ずるときは、その端数の合計数（そ

重要条文一覧

の合計数に1に満たない端数が生ずる場合にあっては，これを切り捨てるものとする。）に相当する数の株式を競売し，かつ，その端数に応じてその競売により得られた代金を株主に交付しなければならない。

2　前条第2項から第5項までの規定は，前項の場合について準用する。

第3章　新株予約権

第238条（募集事項の決定）　📖H27

　　株式会社は，その発行する新株予約権を引き受ける者の募集をしようとするときは，その都度，募集新株予約権（当該募集に応じて当該新株予約権の引受けの申込みをした者に対して割り当てる新株予約権をいう。以下この章において同じ。）について次に掲げる事項（以下この節において「募集事項」という。）を定めなければならない。

一　募集新株予約権の内容及び数

二　募集新株予約権と引換えに金銭の払込みを要しないこととする場合には，その旨

三　前号に規定する場合以外の場合には，募集新株予約権の払込金額（募集新株予約権1個と引換えに払い込む金銭の額をいう。以下この章において同じ。）又はその算定方法

四　募集新株予約権を割り当てる日（以下この節において「割当日」という。）

五　募集新株予約権と引換えにする金銭の払込みの期日を定めるときは，その期日

六　募集新株予約権が新株予約権付社債に付されたものである場合には，第676条各号に掲げる事項

七　前号に規定する場合において，同号の新株予約権付社債に付された募集新株予約権についての第118条第1項，第179条第2項，第777条第1項，第787条第1項又は第808条第1項の規定による請求の方法につき別段の定めをするときは，その定め

2　募集事項の決定は，株主総会の決議によらなければならない。

3　次に掲げる場合には，取締役は，前項の株主総会において，第1号の条件又は第2号の金額で募集新株予約権を引き受ける者の募集をすることを必要とする理由を説明し

なければならない。

一　第1項第2号に規定する場合において，金銭の払込みを要しないこととすることが当該者に特に有利な条件であるとき。

二　第1項第3号に規定する場合において，同号の払込金額が当該者に特に有利な金額であるとき。

4　種類株式発行会社において，募集新株予約権の目的である株式の種類の全部又は一部が譲渡制限株式であるときは，当該募集新株予約権に関する募集事項の決定は，当該種類の株式を目的とする募集新株予約権を引き受ける者の募集について当該種類の株式の種類株主を構成員とする種類株主総会の決議を要しない旨の定款の定めがある場合を除き，当該種類株主総会の決議がなければ，その効力を生じない。ただし，当該種類株主総会において議決権を行使することができる種類株主が存しない場合は，この限りでない。

5　募集事項は，第1項の募集ごとに，均等に定めなければならない。

第239条（募集事項の決定の委任）　📖H27

　　前条第2項及び第4項の規定にかかわらず，株主総会においては，その決議によって，募集事項の決定を取締役（取締役会設置会社にあっては，取締役会）に委任することができる。この場合においては，次に掲げる事項を定めなければならない。

一　その委任に基づいて募集事項の決定をすることができる募集新株予約権の内容及び数の上限

二　前号の募集新株予約権につき金銭の払込みを要しないこととする場合には，その旨

三　前号に規定する場合以外の場合には，募集新株予約権の払込金額の下限

2　次に掲げる場合には，取締役は，前項の株主総会において，第1号の条件又は第2号の金額で募集新株予約権を引き受ける者の募集をすることを必要とする理由を説明しなければならない。

一　前項第2号に規定する場合において，金銭の払込みを要しないこととすることが当該者に特に有利な条件であるとき。

二　前項第3号に規定する場合において，同号の払込金額の下限が当該者に特に有

利な金額であるとき。

3　第1項の決議は，割当日が当該決議の日から1年以内の日である前条第1項の募集についてのみその効力を有する。

4　種類株式発行会社において，募集新株予約権の目的である株式の種類の全部又は一部が譲渡制限株式であるときは，当該募集新株予約権に関する募集事項の決定の委任は，前条第4項の定款の定めがある場合を除き，当該種類株主総会の決議がなければ，その効力を生じない。ただし，当該種類株主総会において議決権を行使することができる種類株主が存しない場合は，この限りでない。

第247条　🔲R01

次に掲げる場合において，株主が不利益を受けるおそれがあるときは，株主は，株式会社に対し，第238条第1項の募集に係る新株予約権の発行をやめることを請求することができる。

一　当該新株予約権の発行が法令又は定款に違反する場合

二　当該新株予約権の発行が著しく不公正な方法により行われる場合

第264条（譲渡等承認請求の方法）　予H28

次の各号に掲げる請求（以下この款において「譲渡等承認請求」という。）は，当該各号に定める事項を明らかにしてしなければならない。

一　第262条の規定による請求　次に掲げる事項

イ　当該請求をする新株予約権者が譲渡そうとする譲渡制限新株予約権の内容及び数

ロ　イの譲渡制限新株予約権を譲り受ける者の氏名又は名称

二　前条第1項の規定による請求　次に掲げる事項

イ　当該請求をする新株予約権取得者の取得した譲渡制限新株予約権の内容及び数

ロ　イの新株予約権取得者の氏名又は名称

第278条（新株予約権無償割当てに関する事項の決定）　🔲R01

株式会社は，新株予約権無償割当てをしようとするときは，その都度，次に掲げる

事項を定めなければならない。

一　株主に割り当てる新株予約権の内容及び数又はその算定方法

二　前号の新株予約権が新株予約権付社債に付されたものであるときは，当該新株予約権付社債についての社債の種類及び各社債の金額の合計額又はその算定方法

三　当該新株予約権無償割当てがその効力を生ずる日

四　株式会社が種類株式発行会社である場合には，当該新株予約権無償割当てを受ける株主の有する株式の種類

2　前項第1号及び第2号に掲げる事項についての定めは，当該株式会社以外の株主（種類株式発行会社にあっては，同項第4号の種類の種類株主）の有する株式（種類株式発行会社にあっては，同項第4号の種類の株式）の数に応じて同項第1号の新株予約権及び同項第2号の社債を割り当てることを内容とするものでなければならない。

3　第1項各号に掲げる事項の決定は，株主総会（取締役会設置会社にあっては，取締役会）の決議によらなければならない。ただし，定款に別段の定めがある場合は，この限りでない。

第4章　機関

第295条（株主総会の権限）　🔲R01

株主総会は，この法律に規定する事項及び株式会社の組織，運営，管理その他株式会社に関する一切の事項について決議をすることができる。

2　前項の規定にかかわらず，取締役会設置会社においては，株主総会は，この法律に規定する事項及び定款で定めた事項に限り，決議をすることができる。

3　この法律の規定により株主総会の決議を必要とする事項について，取締役，執行役，取締役会その他の株主総会以外の機関が決定することができることを内容とする定款の定めは，その効力を有しない。

第297条（株主による招集の請求）　🔲R01, R02

総株主の議決権の100分の3（これを下回る割合を定款で定めた場合にあっては，その割合）以上の議決権を6箇月（これを下回る期間を定款で定めた場合にあっては，その期間）前から引き続き有する株主は，

重要条文一覧

取締役に対し，株主総会の目的である事項（当該株主が議決権を行使することができる事項に限る。）及び招集の理由を示して，株主総会の招集を請求することができる。

2　公開会社でない株式会社における前項の規定の適用については，同項中「6箇月（これを下回る期間を定款で定めた場合にあっては，その期間）前から引き続き有する」とあるのは，「有する」とする。

3　第1項の株主総会の目的である事項について議決権を行使することができない株主が有する議決権の数は，同項の総株主の議決権の数に算入しない。

4　次に掲げる場合には，第1項の規定による請求をした株主は，裁判所の許可を得て，株主総会を招集することができる。
　一　第1項の規定による請求の後遅滞なく招集の手続が行われない場合
　二　第1項の規定による請求があった日から8週間（これを下回る期間を定款で定めた場合にあっては，その期間）以内の日を株主総会の日とする株主総会の招集の通知が発せられない場合

第298条（株主総会の招集の決定）　🔲H21, H24, H25, R02　🔲R01
　取締役（前条第4項の規定により株主が株主総会を招集する場合にあっては，当該株主。次項本文及び次条から第302条までにおいて同じ。）は，株主総会を招集する場合には，次に掲げる事項を定めなければならない。
　一　株主総会の日時及び場所
　二　株主総会の目的である事項があるときは，当該事項
　三　株主総会に出席しない株主が書面によって議決権を行使することができることとするときは，その旨
　四　株主総会に出席しない株主が電磁的方法によって議決権を行使することができることとするときは，その旨
　五　前各号に掲げるもののほか，法務省令で定める事項

2　取締役は，株主（株主総会において決議をすることができる事項の全部につき議決権を行使することができない株主を除く。次条から第302条までにおいて同じ。）の数が1000人以上である場合には，前項第3号に

掲げる事項を定めなければならない。ただし，当該株式会社が金融商品取引法第2条第16項に規定する金融商品取引所に上場されている株式を発行している株式会社であって法務省令で定めるものである場合は，この限りでない。

3　取締役会設置会社における前項の規定の適用については，同項中「株主総会において決議をすることができる事項」とあるのは，「前項第2号に掲げる事項」とする。

4　取締役会設置会社においては，前条第4項の規定により株主が株主総会を招集するときを除き，第1項各号に掲げる事項の決定は，取締役会の決議によらなければならない。

第299条（株主総会の招集の通知）　🔲H26, R02　🔲R01
　株主総会を招集するには，取締役は，株主総会の日の2週間（前条第1項第3号又は第4号に掲げる事項を定めたときを除き，公開会社でない株式会社にあっては，1週間（当該株式会社が取締役会設置会社以外の株式会社である場合において，これを下回る期間を定款で定めた場合にあっては，その期間））前までに，株主に対してその通知を発しなければならない。

2　次に掲げる場合には，前項の通知は，書面でしなければならない。
　一　前条第1項第3号又は第4号に掲げる事項を定めた場合
　二　株式会社が取締役会設置会社である場合

3　取締役は，前項の書面による通知の発出に代えて，政令で定めるところにより，株主の承諾を得て，電磁的方法により通知を発することができる。この場合において，当該取締役は，同項の書面による通知を発したものとみなす。

4　前2項の通知には，前条第1項各号に掲げる事項を記載し，又は記録しなければならない。

第303条（株主提案権）　🔲H24, R01　🔲H30
　株主は，取締役に対し，一定の事項（当該株主が議決権を行使することができる事項に限る。次項において同じ。）を株主総会の目的とすることを請求することができる。

2　前項の規定にかかわらず，取締役会設置会

社においては，総株主の議決権の100分の1（これを下回る割合を定款で定めた場合にあっては，その割合）以上の議決権又は300個（これを下回る数を定款で定めた場合にあっては，その個数）以上の議決権を6箇月（これを下回る期間を定款で定めた場合にあっては，その期間）前から引き続き有する株主に限り，取締役に対し，一定の事項を株主総会の目的とすることを請求することができる。この場合において，その請求は，株主総会の日の8週間（これを下回る期間を定款で定めた場合にあっては，その期間）前までにしなければならない。

3　公開会社でない取締役会設置会社における前項の規定の適用については，同項中「6箇月（これを下回る期間を定款で定めた場合にあっては，その期間）前から引き続き有する」とあるのは，「有する」とする。

4　第2項の1定の事項について議決権を行使することができない株主が有する議決権の数は，同項の総株主の議決権の数に算入しない。

第304条　司 H24

株主は，株主総会において，株主総会の目的である事項（当該株主が議決権を行使することができる事項に限る。次条第1項において同じ。）につき議案を提出することができる。ただし，当該議案が法令若しくは定款に違反する場合又は実質的に同一の議案につき株主総会において総株主（当該議案について議決権を行使することができない株主を除く。）の議決権の10分の1（これを下回る割合を定款で定めた場合にあっては，その割合）以上の賛成を得られなかった日から3年を経過していない場合は，この限りでない。

第305条　司 R01　予 H30

株主は，取締役に対し，株主総会の日の8週間（これを下回る期間を定款で定めた場合にあっては，その期間）前までに，株主総会の目的である事項につき当該株主が提出しようとする議案の要領を株主に通知すること（第299条第2項又は第3項の通知をする場合にあっては，その通知に記載し，又は記録すること）を請求することができる。ただし，取締役会設置会社においては，総株主の議決権の100分の1（これを下回る

割合を定款で定めた場合にあっては，その割合）以上の議決権又は300個（これを下回る数を定款で定めた場合にあっては，その個数）以上の議決権を6箇月（これを下回る期間を定款で定めた場合にあっては，その期間）前から引き続き有する株主に限り，当該請求をすることができる。

2　公開会社でない取締役会設置会社における前項ただし書の規定の適用については，同項ただし書中「6箇月（これを下回る期間を定款で定めた場合にあっては，その期間）前から引き続き有する」とあるのは，「有する」とする。

3　第1項の株主総会の目的である事項について議決権を行使することができない株主が有する議決権の数は，同項ただし書の総株主の議決権の数に算入しない。

4　取締役会設置会社の株主が第1項の規定による請求をする場合において，当該株主が提出しようとする議案の数が10を超えるときは，前3項の規定は，10を超える数に相当することとなる数の議案については，適用しない。この場合において，当該株主が提出しようとする次の各号に掲げる議案の数については，当該各号に定めるところによる。

一　取締役，会計参与，監査役又は会計監査人（次号において「役員等」という。）の選任に関する議案　当該議案の数にかかわらず，これを一の議案とみなす。

二　役員等の解任に関する議案　当該議案の数にかかわらず，これを一の議案とみなす。

三　会計監査人を再任しないことに関する議案　当該議案の数にかかわらず，これを一の議案とみなす。

四　定款の変更に関する2以上の議案　当該2以上の議案について異なる議決がされたとすれば当該議決の内容が相互に矛盾する可能性がある場合には，これらを一の議案とみなす。

5　前項前段の10を超える数に相当することとなる数の議案は，取締役がこれを定める。ただし，第1項の規定による請求をした株主が当該請求と併せて当該株主が提出しようとする2以上の議案の全部又は一部につき議案相互間の優先順位を定めている場合

には，取締役は，当該優先順位に従い，これを定めるものとする。

6　第1項から第3項までの規定は，第1項の議案が法令若しくは定款に違反する場合又は実質的に同一の議案につき株主総会において総株主（当該議案について議決権を行使することができない株主を除く。）の議決権の10分の1（これを下回る割合を定款で定めた場合にあっては，その割合）以上の賛成を得られなかった日から3年を経過していない場合には，適用しない。

第309条（株主総会の決議）　📖H18，H19，H21，H23，H24，H25，H26，H27，H29，R02　✎H26，H28，R01，R02

　　株主総会の決議は，定款に別段の定めがある場合を除き，議決権を行使することができる株主の議決権の過半数を有する株主が出席し，出席した当該株主の議決権の過半数をもって行う。

2　前項の規定にかかわらず，次に掲げる株主総会の決議は，当該株主総会において議決権を行使することができる株主の議決権の過半数（3分の1以上の割合を定款で定めた場合にあっては，その割合以上）を有する株主が出席し，出席した当該株主の議決権の3分の2（これを上回る割合を定款で定めた場合にあっては，その割合）以上に当たる多数をもって行わなければならない。この場合においては，当該決議の要件に加えて，一定の数以上の株主の賛成を要する旨その他の要件を定款で定めることを妨げない。

一　第140条第2項及び第5項の株主総会

二　第156条第1項の株主総会（第160条第1項の特定の株主を定める場合に限る。）

三　第171条第1項及び第175条第1項の株主総会

四　第180条第2項の株主総会

五　第199条第2項，第200条第1項，第202条第3項第4号，第204条第2項及び第205条第2項の株主総会

六　第238条第2項，第239条第1項，第241条第3項第4号，第243条第2項及び第244条第3項の株主総会

七　第339条第1項の株主総会（第342条第3項から第5項までの規定により選任された取締役（監査等委員である取締役を除く。）を解任する場合又は監査等委員である取締役若しくは監査役を解任する場合に限る。）

八　第425条第1項の株主総会

九　第447条第1項の株主総会（次のいずれにも該当する場合を除く。）

　イ　定時株主総会において第447条第1項各号に掲げる事項を定めること。

　ロ　第447条第1項第1号の額がイの定時株主総会の日（第439条前段に規定する場合にあっては，第436条第3項の承認があった日）における欠損の額として法務省令で定める方法により算定される額を超えないこと。

十　第454条第4項の株主総会（配当財産が金銭以外の財産であり，かつ，株主に対して同項第1号に規定する金銭分配請求権を与えないこととする場合に限る。）

十一　第6章から第8章までの規定により株主総会の決議を要する場合における当該株主総会

十二　第5編の規定により株主総会の決議を要する場合における当該株主総会

3　前2項の規定にかかわらず，次に掲げる株主総会（種類株式発行会社の株主総会を除く。）の決議は，当該株主総会において議決権を行使することができる株主の半数以上（これを上回る割合を定款で定めた場合にあっては，その割合以上）であって，当該株主の議決権の3分の2（これを上回る割合を定款で定めた場合にあっては，その割合）以上に当たる多数をもって行わなければならない。

一　その発行する全部の株式の内容として譲渡による当該株式の取得について当該株式会社の承認を要する旨の定款の定めを設ける定款の変更を行う株主総会

二　第783条第1項の株主総会（合併により消滅する株式会社又は株式交換をする株式会社が公開会社であり，かつ，当該株式会社の株主に対して交付する金銭等の全部又は一部が譲渡制限株式等（同条第3項に規定する譲渡制限株式等をいう。次号において同じ。）である場合における当該株主総会に限る。）

三　第804条第1項の株主総会（合併又は株式移転をする株式会社が公開会社であり，

かつ，当該株式会社の株主に対して交付する金銭等の全部又は一部が譲渡制限株式等である場合における当該株主総会に限る。）

4　前3項の規定にかかわらず，第109条第2項の規定による定款の定めについての定款の変更（当該定款の定めを廃止するものを除く。）を行う株主総会の決議は，総株主の半数以上（これを上回る割合を定款で定めた場合にあっては，その割合以上）であって，総株主の議決権の4分の3（これを上回る割合を定款で定めた場合にあっては，その割合）以上に当たる多数をもって行わなければならない。

5　取締役会設置会社においては，株主総会は，第298条第1項第2号に掲げる事項以外の事項については，決議をすることができない。ただし，第316条第1項若しくは第2項に規定する者の選任又は第398条第2項の会計監査人の出席を求めることについては，この限りでない。

第310条（議決権の代理行使）　📄H29

株主は，代理人によってその議決権を行使することができる。この場合においては，当該株主又は代理人は，代理権を証明する書面を株式会社に提出しなければならない。

2　前項の代理権の授与は，株主総会ごとにしなければならない。

3　第1項の株主又は代理人は，代理権を証明する書面の提出に代えて，政令で定めるところにより，株式会社の承諾を得て，当該書面に記載すべき事項を電磁的方法により提供することができる。この場合において，当該株主又は代理人は，当該書面を提出したものとみなす。

4　株主が第299条第3項の承諾をした者である場合には，株式会社は，正当な理由がなければ，前項の承諾をすることを拒んではならない。

5　株式会社は，株主総会に出席することができる代理人の数を制限することができる。

6　株式会社は，株主総会の日から3箇月間，代理権を証明する書面及び第3項の電磁的方法により提供された事項が記録された電磁的記録をその本店に備え置かなければならない。

7　株主（前項の株主総会において決議をした

事項の全部につき議決権を行使することができない株主を除く。次条第4項及び第312条第5項において同じ。）は，株式会社の営業時間内は，いつでも，次に掲げる請求をすることができる。この場合においては，当該請求の理由を明らかにしてしなければならない。

一　代理権を証明する書面の閲覧又は謄写の請求

二　前項の電磁的記録に記録された事項を法務省令で定める方法により表示したものの閲覧又は謄写の請求

8　株式会社は，前項の請求があったときは，次のいずれかに該当する場合を除き，これを拒むことができない。

一　当該請求を行う株主（以下この項において「請求者」という。）がその権利の確保又は行使に関する調査以外の目的で請求を行ったとき。

二　請求者が当該株式会社の業務の遂行を妨げ，又は株主の共同の利益を害する目的で請求を行ったとき。

三　請求者が代理権を証明する書面の閲覧若しくは謄写又は前項第2号の電磁的記録に記録された事項を法務省令で定める方法により表示したものの閲覧若しくは謄写によって知り得た事実を利益を得て第三者に通報するため請求を行ったとき。

四　請求者が，過去2年以内において，代理権を証明する書面の閲覧若しくは謄写又は前項第2号の電磁的記録に記録された事項を法務省令で定める方法により表示したものの閲覧若しくは謄写によって知り得た事実を利益を得て第三者に通報したことがあるものであるとき。

第314条（取締役等の説明義務）　📄H23　🔲H25

取締役，会計参与，監査役及び執行役は，株主総会において，株主から特定の事項について説明を求められた場合には，当該事項について必要な説明をしなければならない。ただし，当該事項が株主総会の目的である事項に関しないものである場合，その説明をすることにより株主の共同の利益を著しく害する場合その他正当な理由がある場合として法務省令で定める場合は，この限りでない。

第315条（議長の権限）　📄H21, H24, H30

　　株主総会の議長は，当該株主総会の秩序を維持し，議事を整理する。

2　株主総会の議長は，その命令に従わない者その他当該株主総会の秩序を乱す者を退場させることができる。

第322条（ある種類の種類株主に損害を及ぼすおそれがある場合の種類株主総会）　🔲R02

　　種類株式発行会社が次に掲げる行為をする場合において，ある種類の株式の種類株主に損害を及ぼすおそれがあるときは，当該行為は，当該種類の株式の種類株主を構成員とする種類株主総会（当該種類株主に係る株式の種類が2以上ある場合にあっては，当該2以上の株式の種類別に区分された種類株主を構成員とする各種類株主総会。以下この条において同じ。）の決議がなければ，その効力を生じない。ただし，当該種類株主総会において議決権を行使することができる種類株主が存しない場合は，この限りでない。

一　次に掲げる事項についての定款の変更（第111条第1項又は第2項に規定するものを除く。）

　　イ　株式の種類の追加

　　ロ　株式の内容の変更

　　ハ　発行可能株式総数又は発行可能種類株式総数の増加

一の二　第179条の3第1項の承認

二　株式の併合又は株式の分割

三　第185条に規定する株式無償割当て

四　当該株式会社の株式を引き受ける者の募集（第202条第1項各号に掲げる事項を定めるものに限る。）

五　当該株式会社の新株予約権を引き受ける者の募集（第241条第1項各号に掲げる事項を定めるものに限る。）

六　第277条に規定する新株予約権無償割当て

七　合併

八　吸収分割

九　吸収分割による他の会社がその事業に関して有する権利義務の全部又は一部の承継

十　新設分割

十一　株式交換

十二　株式交換による他の株式会社の発行済株式全部の取得

十三　株式移転

十四　株式交付

2　種類株式発行会社は，ある種類の株式の内容として，前項の規定による種類株主総会の決議を要しない旨を定款で定めることができる。

3　第1項の規定は，前項の規定による定款の定めがある種類の株式の種類株主を構成員とする種類株主総会については，適用しない。ただし，第1項第1号に規定する定款の変更（単元株式数についてのものを除く。）を行う場合は，この限りでない。

4　ある種類の株式の発行後に定款を変更して当該種類の株式について第2項の規定による定款の定めを設けようとするときは，当該種類の種類株主全員の同意を得なければならない。

第327条（取締役会等の設置義務等）　🔲H29，H30，R02

　　次に掲げる株式会社は，取締役会を置かなければならない。

一　公開会社

二　監査役会設置会社

三　監査等委員会設置会社

四　指名委員会等設置会社

2　取締役会設置会社（監査等委員会設置会社及び指名委員会等設置会社を除く。）は，監査役を置かなければならない。ただし，公開会社でない会計参与設置会社については，この限りでない。

3　会計監査人設置会社（監査等委員会設置会社及び指名委員会等設置会社を除く。）は，監査役を置かなければならない。

4　監査等委員会設置会社及び指名委員会等設置会社は，監査役を置いてはならない。

5　監査等委員会設置会社及び指名委員会等設置会社は，会計監査人を置かなければならない。

6　指名委員会等設置会社は，監査等委員会を置いてはならない。

第330条（株式会社と役員等との関係）　🔲H18，H19，H20，H22，H24，H26，H28，H30，R01　🔲R02

　　株式会社と役員及び会計監査人との関係は，委任に関する規定に従う。

第331条（取締役の資格等）　🔲H26　🔲R02

　　次に掲げる者は，取締役となることがで

きない。
一 法人
二 削除
三 この法律若しくは一般社団法人及び一般財団法人に関する法律（平成18年法律第48号）の規定に違反し，又は金融商品取引法第197条，第197条の2第1号から第10号の3まで若しくは第13号から第15号まで，第198条第8号，第199条，第200条第1号から第12号の2まで，第20号若しくは第21号，第203条第3項若しくは第205条第1号から第6号まで，第19号若しくは第20号の罪，民事再生法（平成11年法律第225号）第255条，第256条，第258条から第260条まで若しくは第262条の罪，外国倒産処理手続の承認援助に関する法律（平成12年法律第129号）第65条，第66条，第68条若しくは第69条の罪，会社更生法（平成14年法律第154号）第266条，第267条，第269条から第271条まで若しくは第273条の罪若しくは破産法（平成16年法律第75号）第265条，第266条，第268条から第272条まで若しくは第274条の罪を犯し，刑に処せられ，その執行を終わり，又はその執行を受けることがなくなった日から2年を経過しない者
四 前号に規定する法律の規定以外の法令の規定に違反し，禁錮以上の刑に処せられ，その執行を終わるまで又はその執行を受けることがなくなるまでの者（刑の執行猶予中の者を除く。）

2 株式会社は，取締役が株主でなければならない旨を定款で定めることができない。ただし，公開会社でない株式会社においては，この限りでない。

3 監査等委員である取締役は，監査等委員会設置会社若しくはその子会社の業務執行取締役若しくは支配人その他の使用人又は当該子会社の会計参与（会計参与が法人であるときは，その職務を行うべき社員）若しくは執行役を兼ねることができない。

4 指名委員会等設置会社の取締役は，当該指名委員会等設置会社の支配人その他の使用人を兼ねることができない。

5 取締役会設置会社においては，取締役は，3人以上でなければならない。

6 監査等委員会設置会社においては，監査等委員である取締役は，3人以上で，その過半数は，社外取締役でなければならない。

第335条（監査役の資格等）　司H24
　　第331条第1項及び第2項並びに第331条の2の規定は，監査役について準用する。

2 監査役は，株式会社若しくはその子会社の取締役若しくは支配人その他の使用人又は当該子会社の会計参与（会計参与が法人であるときは，その職務を行うべき社員）若しくは執行役を兼ねることができない。

3 監査役会設置会社においては，監査役は，3人以上で，そのうち半数以上は，社外監査役でなければならない。

第339条（解任）　司H28　予H27
　　役員及び会計監査人は，いつでも，株主総会の決議によって解任することができる。

2 前項の規定により解任された者は，その解任について正当な理由がある場合を除き，株式会社に対し，解任によって生じた損害の賠償を請求することができる。

第341条（役員の選任及び解任の株主総会の決議）　予R01
　　第309条第1項の規定にかかわらず，役員を選任し，又は解任する株主総会の決議は，議決権を行使することができる株主の議決権の過半数（3分の1以上の割合を定款で定めた場合にあっては，その割合以上）を有する株主が出席し，出席した当該株主の議決権の過半数（これを上回る割合を定款で定めた場合にあっては，その割合以上）をもって行わなければならない。

第342条（累積投票による取締役の選任）　司H24
　　株主総会の目的である事項が2人以上の取締役（監査等委員会設置会社にあっては，監査等委員である取締役又はそれ以外の取締役。以下この条において同じ。）の選任である場合には，株主（取締役の選任について議決権を行使することができる株主に限る。以下この条において同じ。）は，定款に別段の定めがあるときを除き，株式会社に対し，第3項から第5項までに規定するところにより取締役を選任すべきことを請求することができる。

2 前項の規定による請求は，同項の株主総会の日の5日前までにしなければならない。

3 第308条第1項の規定にかかわらず，第1

項の規定による請求があった場合には，取締役の選任の決議については，株主は，その有する株式1株（単元株式数を定款で定めている場合にあっては，1単元の株式）につき，当該株主総会において選任する取締役の数と同数の議決権を有する。この場合においては，株主は，一人のみに投票し，又は2人以上に投票して，その議決権を行使することができる。

4 前項の場合には，投票の最多数を得た者から順次取締役に選任されたものとする。

5 前2項に定めるもののほか，第1項の規定による請求があった場合における取締役の選任に関し必要な事項は，法務省令で定める。

6 前条の規定は，前3項に規定するところにより選任された取締役の解任の決議については，適用しない。

第345条（会計参与等の選任等についての意見の陳述）　H24

会計参与は，株主総会において，会計参与の選任若しくは解任又は辞任について意見を述べることができる。

2 会計参与を辞任した者は，辞任後最初に招集される株主総会に出席して，辞任した旨及びその理由を述べることができる。

3 取締役は，前項の者に対し，同項の株主総会を招集する旨及び第298条第1項第1号に掲げる事項を通知しなければならない。

4 第1項の規定は監査役について，前2項の規定は監査役を辞任した者について，それぞれ準用する。この場合において，第1項中「会計参与の」とあるのは，「監査役の」と読み替えるものとする。

5 第1項の規定は会計監査人について，第2項及び第3項の規定は会計監査人を辞任した者及び第340条第1項の規定により会計監査人を解任された者について，それぞれ準用する。この場合において，第1項中「株主総会において，会計参与の選任若しくは解任又は辞任について」とあるのは「会計監査人の選任，解任若しくは不再任又は辞任について，株主総会に出席して」と，第2項中「辞任後」とあるのは「解任後又は辞任後」と，「辞任した旨及びその理由」とあるのは「辞任した旨及びその理由又は解任についての意見」と読み替えるものとす

る。

第346条（役員等に欠員を生じた場合の措置）　H24, H26

役員（監査等委員会設置会社にあっては，監査等委員である取締役若しくはそれ以外の取締役又は会計参与。以下この条において同じ。）が欠けた場合又はこの法律若しくは定款で定めた役員の員数が欠けた場合には，任期の満了又は辞任により退任した役員は，新たに選任された役員（次項の一時役員の職務を行うべき者を含む。）が就任するまで，なお役員としての権利義務を有する。

2 前項に規定する場合において，裁判所は，必要があると認めるときは，利害関係人の申立てにより，一時役員の職務を行うべき者を選任することができる。

3 裁判所は，前項の一時役員の職務を行うべき者を選任した場合には，株式会社がその者に対して支払う報酬の額を定めることができる。

4 会計監査人が欠けた場合又は定款で定めた会計監査人の員数が欠けた場合において，遅滞なく会計監査人が選任されないときは，監査役は，一時会計監査人の職務を行うべき者を選任しなければならない。

5 第337条及び第340条の規定は，前項の一時会計監査人の職務を行うべき者について準用する。

6 監査役会設置会社における第4項の規定の適用については，同項中「監査役」とあるのは，「監査役会」とする。

7 監査等委員会設置会社における第4項の規定の適用については，同項中「監査役」とあるのは，「監査等委員会」とする。

8 指名委員会等設置会社における第4項の規定の適用については，同項中「監査役」とあるのは，「監査委員会」とする。

第354条（表見代表取締役）　H26

株式会社は，代表取締役以外の取締役に社長，副社長その他株式会社を代表する権限を有するものと認められる名称を付した場合には，当該取締役がした行為について，善意の第三者に対してその責任を負う。

第355条（忠実義務）　H18, H19, H20, H22, H23, H24, H25, H26, H27, H28, H30, R01　予R01, R02

取締役は，法令及び定款並びに株主総会の決議を遵守し，株式会社のため忠実にその職務を行わなければならない。

第356条（競業及び利益相反取引の制限）　司H18，H20，H22，H24，H27　予H24，H26，H30，R02

取締役は，次に掲げる場合には，株主総会において，当該取引につき重要な事実を開示し，その承認を受けなければならない。

一　取締役が自己又は第三者のために株式会社の事業の部類に属する取引をしようとするとき。

二　取締役が自己又は第三者のために株式会社と取引をしようとするとき。

三　株式会社が取締役の債務を保証することその他取締役以外の者との間において株式会社と当該取締役との利益が相反する取引をしようとするとき。

2　民法第108条の規定は，前項の承認を受けた同項第2号又は第3号の取引については，適用しない。

第360条（株主による取締役の行為の差止め）　司H21，H24

6箇月（これを下回る期間を定款で定めた場合にあっては，その期間）前から引き続き株式を有する株主は，取締役が株式会社の目的の範囲外の行為その他法令若しくは定款に違反する行為をし，又はこれらの行為をするおそれがある場合において，当該行為によって当該株式会社に著しい損害が生ずるおそれがあるときは，当該取締役に対し，当該行為をやめることを請求することができる。

2　公開会社でない株式会社における前項の規定の適用については，同項中「6箇月（これを下回る期間を定款で定めた場合にあっては，その期間）前から引き続き株式を有する株主」とあるのは，「株主」とする。

3　監査役設置会社，監査等委員会設置会社又は指名委員会等設置会社における第1項の規定の適用については，同項中「著しい損害」とあるのは，「回復することができない損害」とする。

第361条（取締役の報酬等）　司H28

取締役の報酬，賞与その他の職務執行の対価として株式会社から受ける財産上の利益（以下この章において「報酬等」という。）についての次に掲げる事項は，定款に当該

事項を定めていないときは，株主総会の決議によって定める。

一　報酬等のうち額が確定しているものについては，その額

二　報酬等のうち額が確定していないものについては，その具体的な算定方法

三　報酬等のうち当該株式会社の募集株式（第199条第1項に規定する募集株式をいう。以下この項及び第409条第3項において同じ。）については，当該募集株式の数（種類株式発行会社にあっては，募集株式の種類及び種類ごとの数）の上限その他法務省令で定める事項

四　報酬等のうち当該株式会社の募集新株予約権（第238条第1項に規定する募集新株予約権をいう。以下この項及び第409条第3項において同じ。）については，当該募集新株予約権の数の上限その他法務省令で定める事項

五　報酬等のうち次のイ又はロに掲げるものと引換えにする払込みに充てるための金銭については，当該イ又はロに定める事項

イ　当該株式会社の募集株式　取締役が引き受ける当該募集株式の数（種類株式発行会社にあっては，募集株式の種類及び種類ごとの数）の上限その他法務省令で定める事項

ロ　当該株式会社の募集新株予約権　取締役が引き受ける当該募集新株予約権の数の上限その他法務省令で定める事項

六　報酬等のうち金銭でないもの（当該株式会社の募集株式及び募集新株予約権を除く。）については，その具体的な内容

2　監査等委員会設置会社においては，前項各号に掲げる事項は，監査等委員である取締役とそれ以外の取締役とを区別して定めなければならない。

3　監査等委員である各取締役の報酬等について定款の定め又は株主総会の決議がないときは，当該報酬等は，第1項の報酬等の範囲内において，監査等委員である取締役の協議によって定める。

4　第1項各号に掲げる事項を定め，又はこれを改定する議案を株主総会に提出した取締役は，当該株主総会において，当該事項を

相当とする理由を説明しなければならない。

5 監査等委員である取締役は,株主総会において,監査等委員である取締役の報酬等について意見を述べることができる。

6 監査等委員会が選定する監査等委員は,株主総会において,監査等委員である取締役以外の取締役の報酬等について監査等委員会の意見を述べることができる。

7 次に掲げる株式会社の取締役会は,取締役(監査等委員である取締役を除く。以下この項において同じ。)の報酬等の内容として定款又は株主総会の決議による第1項各号に掲げる事項についての定めがある場合には,当該定めに基づく取締役の個人別の報酬等の内容についての決定に関する方針として法務省令で定める事項を決定しなければならない。ただし,取締役の個人別の報酬等の内容が定款又は株主総会の決議により定められているときは,この限りでない。

一 監査役会設置会社(公開会社であり,かつ,大会社であるものに限る。)であって,金融商品取引法第24条第1項の規定によりその発行する株式について有価証券報告書を内閣総理大臣に提出しなければならないもの

二 監査等委員会設置会社

第362条(取締役会の権限等) 司H18, H20, H22, H26, H27, H28, R01 予H24, H27

取締役会は,すべての取締役で組織する。

2 取締役会は,次に掲げる職務を行う。

一 取締役会設置会社の業務執行の決定

二 取締役の職務の執行の監督

三 代表取締役の選定及び解職

3 取締役会は,取締役の中から代表取締役を選定しなければならない。

4 取締役会は,次に掲げる事項その他の重要な業務執行の決定を取締役に委任することができない。

一 重要な財産の処分及び譲受け

二 多額の借財

三 支配人その他の重要な使用人の選任及び解任

四 支店その他の重要な組織の設置,変更及び廃止

五 第676条第1号に掲げる事項その他の社債を引き受ける者の募集に関する重要な事項として法務省令で定める事項

六 取締役の職務の執行が法令及び定款に適合することを確保するための体制その他株式会社の業務並びに当該株式会社及びその子会社から成る企業集団の業務の適正を確保するために必要なものとして法務省令で定める体制の整備

七 第426条第1項の規定による定款の定めに基づく第423条第1項の責任の免除

5 大会社である取締役会設置会社においては,取締役会は,前項第6号に掲げる事項を決定しなければならない。

第365条(競業及び取締役会設置会社との取引等の制限) 司H18, H20, H27 予H24, H26, R02

取締役会設置会社における第356条の規定の適用については,同条第1項中「株主総会」とあるのは,「取締役会」とする。

2 取締役会設置会社においては,第356条第1項各号の取引をした取締役は,当該取引後,遅滞なく,当該取引についての重要な事実を取締役会に報告しなければならない。

第366条(招集権者) 司H22, H28

取締役会は,各取締役が招集する。ただし,取締役会を招集する取締役を定款又は取締役会で定めたときは,その取締役が招集する。

2 前項ただし書に規定する場合には,同項ただし書の規定により定められた取締役(以下この章において「招集権者」という。)以外の取締役は,招集権者に対し,取締役会の目的である事項を示して,取締役会の招集を請求することができる。

3 前項の規定による請求があった日から5日以内に,その請求があった日から2週間以内の日を取締役会の日とする取締役会の招集の通知が発せられない場合には,その請求をした取締役は,取締役会を招集することができる。

第368条(招集手続) 司H19, H28 予H23

取締役会を招集する者は,取締役会の日の1週間(これを下回る期間を定款で定めた場合にあっては,その期間)前までに,各取締役(監査役設置会社にあっては,各取締役及び各監査役)に対してその通知を発しなければならない。

2 前項の規定にかかわらず,取締役会は,取締役(監査役設置会社にあっては,取締役

及び監査役）の全員の同意があるときは，招集の手続を経ることなく開催することができる。

第369条（取締役会の決議） 同H19, H24, H28
予H23, H26, R01

　取締役会の決議は，議決に加わることができる取締役の過半数（これを上回る割合を定款で定めた場合にあっては，その割合以上）が出席し，その過半数（これを上回る割合を定款で定めた場合にあっては，その割合以上）をもって行う。

2　前項の決議について特別の利害関係を有する取締役は，議決に加わることができない。

3　取締役会の議事については，法務省令で定めるところにより，議事録を作成し，議事録が書面をもって作成されているときは，出席した取締役及び監査役は，これに署名し，又は記名押印しなければならない。

4　前項の議事録が電磁的記録をもって作成されている場合における当該電磁的記録に記録された事項については，法務省令で定める署名又は記名押印に代わる措置をとらなければならない。

5　取締役会の決議に参加した取締役であって第3項の議事録に異議をとどめないものは，その決議に賛成したものと推定する。

第381条（監査役の権限） 同H24

　監査役は，取締役（会計参与設置会社にあっては，取締役及び会計参与）の職務の執行を監査する。この場合において，監査役は，法務省令で定めるところにより，監査報告を作成しなければならない。

2　監査役は，いつでも，取締役及び会計参与並びに支配人その他の使用人に対して事業の報告を求め，又は監査役設置会社の業務及び財産の状況の調査をすることができる。

3　監査役は，その職務を行うため必要があるときは，監査役設置会社の子会社に対して事業の報告を求め，又はその子会社の業務及び財産の状況の調査をすることができる。

4　前項の子会社は，正当な理由があるときは，同項の報告又は調査を拒むことができる。

第385条（監査役による取締役の行為の差止め）
同H24

　監査役は，取締役が監査役設置会社の目的の範囲外の行為その他法令若しくは定款に違反する行為をし，又はこれらの行為を

するおそれがある場合において，当該行為によって当該監査役設置会社に著しい損害が生ずるおそれがあるときは，当該取締役に対し，当該行為をやめることを請求することができる。

2　前項の場合において，裁判所が仮処分をもって同項の取締役に対し，その行為をやめることを命ずるときは，担保を立てさせないものとする。

第386条（監査役設置会社と取締役との間の訴えにおける会社の代表等） 同H24, H28

　第349条第4項，第353条及び第364条の規定にかかわらず，次の各号に掲げる場合には，当該各号の訴えについては，監査役が監査役設置会社を代表する。

一　監査役設置会社が取締役（取締役であった者を含む。以下この条において同じ。）に対し，又は取締役が監査役設置会社に対して訴えを提起する場合

二　株式交換等完全親会社（第849条第2項第1号に規定する株式交換等完全親会社をいう。次項第3号において同じ。）である監査役設置会社がその株式交換等完全子会社（第847条の2第1項に規定する株式交換等完全子会社をいう。次項第3号において同じ。）の取締役，執行役（執行役であった者を含む。以下この条において同じ。）又は清算人（清算人であった者を含む。以下この条において同じ。）の責任（第847条の2第1項各号に掲げる行為の効力が生じた時までにその原因となった事実が生じたものに限る。）を追及する訴えを提起する場合

三　最終完全親会社等（第847条の3第1項に規定する最終完全親会社等をいう。次項第4号において同じ。）である監査役設置会社がその完全子会社等（同条第2項第2号に規定する完全子会社等をいい，同条第3項の規定により当該完全子会社等とみなされるものを含む。次項第4号において同じ。）である株式会社の取締役，執行役又は清算人に対して特定責任追及の訴え（同条第1項に規定する特定責任追及の訴えをいう。）を提起する場合

2　第349条第4項の規定にかかわらず，次に掲げる場合には，監査役が監査役設置会社を代表する。

一　監査役設置会社が第847条第1項，第847条の2第1項若しくは第3項（同条第4項及び第5項において準用する場合を含む。）又は第847条の3第1項の規定による請求（取締役の責任を追及する訴えの提起の請求に限る。）を受ける場合

二　監査役設置会社が第849条第4項の訴訟告知（取締役の責任を追及する訴えに係るものに限る。）並びに第850条第2項の規定による通知及び催告（取締役の責任を追及する訴えに係る訴訟における和解に関するものに限る。）を受ける場合

三　株式交換等完全親会社である監査役設置会社が第847条第1項の規定による請求（前項第2号に規定する訴えの提起の請求に限る。）をする場合又は第849条第6項の規定による通知（その株式交換等完全子会社の取締役，執行役又は清算人の責任を追及する訴えに係るものに限る。）を受ける場合

四　最終完全親会社等である監査役設置会社が第847条第1項の規定による請求（前項第3号に規定する特定責任追及の訴えの提起の請求に限る。）をする場合又は第849条第7項の規定による通知（その完全子会社等である株式会社の取締役，執行役又は清算人の責任を追及する訴えに係るものに限る。）を受ける場合

第390条　□H24
監査役会は，すべての監査役で組織する。

2　監査役会は，次に掲げる職務を行う。ただし，第3号の決定は，監査役の権限の行使を妨げることはできない。

一　監査報告の作成

二　常勤の監査役の選定及び解職

三　監査の方針，監査役会設置会社の業務及び財産の状況の調査の方法その他の監査役の職務の執行に関する事項の決定

3　監査役会は，監査役の中から常勤の監査役を選定しなければならない。

4　監査役は，監査役会の求めがあるときは，いつでもその職務の執行の状況を監査役会に報告しなければならない。

第423条　（役員等の株式会社に対する損害賠償責任）　□H18，H19，H22，H23，H24，H26，H27，H28，H30，R01　予H23，H24，H25，H26，H27，H28，H29，H30，R01，R02

取締役，会計参与，監査役，執行役又は会計監査人（以下この章において「役員等」という。）は，その任務を怠ったときは，株式会社に対し，これによって生じた損害を賠償する責任を負う。

2　取締役又は執行役が第356条第1項（第419条第2項において準用する場合を含む。以下この項において同じ。）の規定に違反して第356条第1項第1号の取引をしたときは，当該取引によって取締役，執行役又は第三者が得た利益の額は，前項の損害の額と推定する。

3　第356条第1項第2号又は第3号（これらの規定を第419条第2項において準用する場合を含む。）の取引によって株式会社に損害が生じたときは，次に掲げる取締役又は執行役は，その任務を怠ったものと推定する。

一　第356条第1項（第419条第2項において準用する場合を含む。）の取締役又は執行役

二　株式会社が当該取引をすることを決定した取締役又は執行役

三　当該取引に関する取締役会の承認の決議に賛成した取締役（指名委員会等設置会社においては，当該取引が指名委員会等設置会社と取締役との間の取引又は指名委員会等設置会社と取締役との利益が相反する取引である場合に限る。）

4　前項の規定は，第356条第1項第2号又は第3号に掲げる場合において，同項の取締役（監査等委員であるものを除く。）が当該取引につき監査等委員会の承認を受けたときは，適用しない。

第424条　（株式会社に対する損害賠償責任の免除）　予R02

前条第1項の責任は，総株主の同意がなければ，免除することができない。

第425条　（責任の一部免除）　予H30

前条の規定にかかわらず，第423条第1項の責任は，当該役員等が職務を行うにつき善意でかつ重大な過失がないときは，賠償の責任を負う額から次に掲げる額の合計額（第427条第1項において「最低責任限度額」という。）を控除して得た額を限度として，株主総会（株式会社に最終完全親会社等（第847条の3第1項に規定する最終完全親会社等をいう。以下この節において同じ。）

がある場合において、当該責任が特定責任（第847条の３第４項に規定する特定責任をいう。以下この節において同じ。）であるときにあっては、当該株式会社及び当該最終完全親会社等の株主総会。以下この条において同じ。）の決議によって免除することができる。

一　当該役員等がその在職中に株式会社から職務執行の対価として受け、又は受けるべき財産上の利益の一年間当たりの額に相当する額として法務省令で定める方法により算定される額に、次のイからハまでに掲げる役員等の区分に応じ、当該イからハまでに定める数を乗じて得た額

イ　代表取締役又は代表執行役　６

ロ　代表取締役以外の取締役（業務執行取締役等であるものに限る。）又は代表執行役以外の執行役　４

ハ　取締役（イ及びロに掲げるものを除く。）、会計参与、監査役又は会計監査人　２

二　当該役員等が当該株式会社の新株予約権を引き受けた場合（第238条第３項各号に掲げる場合に限る。）における当該新株予約権に関する財産上の利益に相当する額として法務省令で定める方法により算定される額

2　前項の場合には、取締役（株式会社に最終完全親会社等がある場合において、同項の規定により免除しようとする責任が特定責任であるときにあっては、当該株式会社及び当該最終完全親会社等の取締役）は、同項の株主総会において次に掲げる事項を開示しなければならない。

一　責任の原因となった事実及び賠償の責任を負う額

二　前項の規定により免除することができる額の限度及びその算定の根拠

三　責任を免除すべき理由及び免除額

3　監査役設置会社、監査等委員会設置会社又は指名委員会等設置会社においては、取締役（これらの会社に最終完全親会社等がある場合において、第１項の規定により免除しようとする責任が特定責任であるときにあっては、当該会社及び当該最終完全親会社等の取締役）は、第423条第１項の責任の免除（取締役（監査等委員又は監査委員で

あるものを除く。）及び執行役の責任の免除に限る。）に関する議案を株主総会に提出するには、次の各号に掲げる株式会社の区分に応じ、当該各号に定める者の同意を得なければならない。

一　監査役設置会社　監査役（監査役が２人以上ある場合にあっては、各監査役）

二　監査等委員会設置会社　各監査等委員

三　指名委員会等設置会社　各監査委員

4　第１項の決議があった場合において、株式会社が当該決議後に同項の役員等に対し退職慰労金その他の法務省令で定める財産上の利益を与えるときは、株主総会の承認を受けなければならない。当該役員等が同項第２号の新株予約権を当該決議後に行使し、又は譲渡するときも同様とする。

5　第１項の決議があった場合において、当該役員等が前項の新株予約権を表示する新株予約権証券を所持するときは、当該役員等は、遅滞なく、当該新株予約権証券を株式会社に対し預託しなければならない。この場合において、当該役員等は、同項の譲渡について同項の承認を受けた後でなければ、当該新株予約権証券の返還を求めることができない。

第427条（責任限定契約）　H30

第424条の規定にかかわらず、株式会社は、取締役（業務執行取締役等であるものを除く。）、会計参与、監査役又は会計監査人（以下この条及び第911条第３項第25号において「非業務執行取締役等」という。）の第423条第１項の責任について、当該非業務執行取締役等が職務を行うにつき善意でかつ重大な過失がないときは、定款で定めた額の範囲内であらかじめ株式会社が定めた額と最低責任限度額とのいずれか高い額を限度とする旨の契約を非業務執行取締役等と締結することができる旨を定款で定めることができる。

2　前項の契約を締結した非業務執行取締役等が当該株式会社の業務執行取締役等に就任したときは、当該契約は、将来に向かってその効力を失う。

3　第425条第３項の規定は、定款を変更して第１項の規定による定款の定め（同項に規定する取締役（監査等委員又は監査委員であるものを除く。）と契約を締結することが

できる旨の定めに限る。）を設ける議案を株主総会に提出する場合について準用する。この場合において、同条第3項中「取締役（これらの会社に最終完全親会社等がある場合において、第1項の規定により免除しようとする責任が特定責任であるときにあっては、当該会社及び当該最終完全親会社等の取締役）」とあるのは、「取締役」と読み替えるものとする。

4　第1項の契約を締結した株式会社が、当該契約の相手方である非業務執行取締役等が任務を怠ったことにより損害を受けたことを知ったときは、その後最初に招集される株主総会（当該株式会社に最終完全親会社等がある場合において、当該損害が特定責任に係るものであるときにあっては、当該株式会社及び当該最終完全親会社等の株主総会）において次に掲げる事項を開示しなければならない。

一　第425条第2項第1号及び第2号に掲げる事項

二　当該契約の内容及び当該契約を締結した理由

三　第423条第1項の損害のうち、当該非業務執行取締役等が賠償する責任を負わないとされた額

5　第425条第4項及び第5項の規定は、非業務執行取締役等が第1項の契約によって同項に規定する限度を超える部分について損害を賠償する責任を負わないとされた場合について準用する。

第428条（取締役が自己のためにした取引に関する特則）　司H24, R01　予H30, R02

　　第356条第1項第2号（第419条第2項において準用する場合を含む。）の取引（自己のためにした取引に限る。）をした取締役又は執行役の第423条第1項の責任は、任務を怠ったことが当該取締役又は執行役の責めに帰することができない事由によるものであることをもって免れることができない。

2　前3条の規定は、前項の責任については、適用しない。

第429条（役員等の第三者に対する損害賠償責任）　司H18, H20, H22　予H25, H27

　　役員等がその職務を行うについて悪意又は重大な過失があったときは、当該役員等は、これによって第三者に生じた損害を賠償する責任を負う。

2　次の各号に掲げる者が、当該各号に定める行為をしたときも、前項と同様とする。ただし、その者が当該行為をすることについて注意を怠らなかったことを証明したときは、この限りでない。

一　取締役及び執行役　次に掲げる行為

　イ　株式、新株予約権、社債若しくは新株予約権付社債を引き受ける者の募集をする際に通知しなければならない重要な事項についての虚偽の通知又は当該募集のための当該株式会社の事業その他の事項に関する説明に用いた資料についての虚偽の記載若しくは記録

　ロ　計算書類及び事業報告並びにこれらの附属明細書並びに臨時計算書類に記載し、又は記録すべき重要な事項についての虚偽の記載又は記録

　ハ　虚偽の登記

　ニ　虚偽の公告（第440条第3項に規定する措置を含む。）

二　会計参与　計算書類及びその附属明細書、臨時計算書類並びに会計参与報告に記載し、又は記録すべき重要な事項についての虚偽の記載又は記録

三　監査役、監査等委員及び監査委員　監査報告に記載し、又は記録すべき重要な事項についての虚偽の記載又は記録

四　会計監査人　会計監査報告に記載し、又は記録すべき重要な事項についての虚偽の記載又は記録

第430条（役員等の連帯責任）　司H22, H24

　　役員等が株式会社又は第三者に生じた損害を賠償する責任を負う場合において、他の役員等も当該損害を賠償する責任を負うときは、これらの者は、連帯債務者とする。

第5章　計算等

第433条（会計帳簿の閲覧等の請求）　司H30　予H25

　　総株主（株主総会において決議をすることができる事項の全部につき議決権を行使することができない株主を除く。）の議決権の100分の3（これを下回る割合を定款で定めた場合にあっては、その割合）以上の議決権を有する株主又は発行済株式（自己株式を除く。）の100分の3（これを下回る割

合を定款で定めた場合にあっては，その割合）以上の数の株式を有する株主は，株式会社の営業時間内は，いつでも，次に掲げる請求をすることができる。この場合においては，当該請求の理由を明らかにしてしなければならない。

一　会計帳簿又はこれに関する資料が書面をもって作成されているときは，当該書面の閲覧又は謄写の請求

二　会計帳簿又はこれに関する資料が電磁的記録をもって作成されているときは，当該電磁的記録に記録された事項を法務省令で定める方法により表示したものの閲覧又は謄写の請求

2　前項の請求があったときは，株式会社は，次のいずれかに該当すると認められる場合を除き，これを拒むことができない。

一　当該請求を行う株主（以下この項において「請求者」という。）がその権利の確保又は行使に関する調査以外の目的で請求を行ったとき。

二　請求者が当該株式会社の業務の遂行を妨げ，株主の共同の利益を害する目的で請求を行ったとき。

三　請求者が当該株式会社の業務と実質的に競争関係にある事業を営み，又はこれに従事するものであるとき。

四　請求者が会計帳簿又はこれに関する資料の閲覧又は謄写によって知り得た事実を利益を得て第三者に通報するため請求したとき。

五　請求者が，過去2年以内において，会計帳簿又はこれに関する資料の閲覧又は謄写によって知り得た事実を利益を得て第三者に通報したことがあるものであるとき。

3　株式会社の親会社社員は，その権利を行使するため必要があるときは，裁判所の許可を得て，会計帳簿又はこれに関する資料について第1項各号に掲げる請求をすることができる。この場合においては，当該請求の理由を明らかにしてしなければならない。

4　前項の親会社社員について第2項各号のいずれかに規定する事由があるときは，裁判所は，前項の許可をすることができない。

第446条（剰余金の額）　H20, H23

株式会社の剰余金の額は，第1号から第4号までに掲げる額の合計額から第5号から第7号までに掲げる額の合計額を減じて得た額とする。

一　最終事業年度の末日におけるイ及びロに掲げる額の合計額からハからホまでに掲げる額の合計額を減じて得た額

イ　資産の額

ロ　自己株式の帳簿価額の合計額

ハ　負債の額

ニ　資本金及び準備金の額の合計額

ホ　ハ及びニに掲げるもののほか，法務省令で定める各勘定科目に計上した額の合計額

二　最終事業年度の末日後に自己株式の処分をした場合における当該自己株式の対価の額から当該自己株式の帳簿価額を控除して得た額

三　最終事業年度の末日後に資本金の額の減少をした場合における当該減少額（次条第1項第2号の額を除く。）

四　最終事業年度の末日後に準備金の額の減少をした場合における当該減少額（第448条第1項第2号の額を除く。）

五　最終事業年度の末日後に第178条第1項の規定により自己株式の消却をした場合における当該自己株式の帳簿価額

六　最終事業年度の末日後に剰余金の配当をした場合における次に掲げる額の合計額

イ　第454条第1項第1号の配当財産の帳簿価額の総額（同条第4項第1号に規定する金銭分配請求権を行使した株主に割り当てた当該配当財産の帳簿価額を除く。）

ロ　第454条第4項第1号に規定する金銭分配請求権を行使した株主に交付した金銭の額の合計額

ハ　第456条に規定する基準未満株式の株主に支払った金銭の額の合計額

七　前2号に掲げるもののほか，法務省令で定める各勘定科目に計上した額の合計額

第461条（配当等の制限）　H20, H23

次に掲げる行為により株主に対して交付する金銭等（当該株式会社の株式を除く。以下この節において同じ。）の帳簿価額の総額は，当該行為がその効力を生ずる日にお

ける分配可能額を超えてはならない。

一　第138条第1号ハ又は第2号ハの請求に応じて行う当該株式会社の株式の買取り

二　第156条第1項の規定による決定に基づく当該株式会社の株式の取得（第163条に規定する場合又は第165条第1項に規定する場合における当該株式会社による株式の取得に限る。）

三　第157条第1項の規定による決定に基づく当該株式会社の株式の取得

四　第173条第1項の規定による当該株式会社の株式の取得

五　第176条第1項の規定による請求に基づく当該株式会社の株式の買取り

六　第197条第3項の規定による当該株式会社の株式の買取り

七　第234条第4項（第235条第2項において準用する場合を含む。）の規定による当該株式会社の株式の買取り

八　剰余金の配当

2　前項に規定する「分配可能額」とは，第1号及び第2号に掲げる額の合計額から第3号から第6号までに掲げる額の合計額を減じて得た額をいう（以下この節において同じ。）。

一　剰余金の額

二　臨時計算書類につき第441条第4項の承認（同項ただし書に規定する場合にあっては，同条第3項の承認）を受けた場合における次に掲げる額

イ　第441条第1項第2号の期間の利益の額として法務省令で定める各勘定科目に計上した額の合計額

ロ　第441条第1項第2号の期間内に自己株式を処分した場合における当該自己株式の対価の額

三　自己株式の帳簿価額

四　最終事業年度の末日後に自己株式を処分した場合における当該自己株式の対価の額

五　第2号に規定する場合における第441条第1項第2号の期間の損失の額として法務省令で定める各勘定科目に計上した額の合計額

六　前3号に掲げるもののほか，法務省令で定める各勘定科目に計上した額の合計額

第462条（剰余金の配当等に関する責任）　▣H23

前条第1項の規定に違反して株式会社が同項各号に掲げる行為をした場合には，当該行為により金銭等の交付を受けた者並びに当該行為に関する職務を行った業務執行者（業務執行取締役（指名委員会等設置会社にあっては，執行役。以下この項において同じ。）その他当該業務執行取締役の行う業務の執行に職務上関与した者として法務省令で定めるものをいう。以下この節において同じ。）及び当該行為が次の各号に掲げるものである場合における当該各号に定める者は，当該株式会社に対し，連帯して，当該金銭等の交付を受けた者が交付を受けた金銭等の帳簿価額に相当する金銭を支払う義務を負う。

一　前条第1項第2号に掲げる行為　次に掲げる者

イ　第156条第1項の規定による決定に係る株主総会の決議があった場合（当該決議によって定められた同項第2号の金銭等の総額が当該決議の日における分配可能額を超える場合に限る。）における当該株主総会に係る総会議案提案取締役（当該株主総会に議案を提案した取締役として法務省令で定めるものをいう。以下この項において同じ。）

ロ　第156条第1項の規定による決定に係る取締役会の決議があった場合（当該決議によって定められた同項第2号の金銭等の総額が当該決議の日における分配可能額を超える場合に限る。）における当該取締役会に係る取締役会議案提案取締役（当該取締役会に議案を提案した取締役（指名委員会等設置会社にあっては，取締役又は執行役）として法務省令で定めるものをいう。以下この項において同じ。）

二　前条第1項第3号に掲げる行為　次に掲げる者

イ　第157条第1項の規定による決定に係る株主総会の決議があった場合（当該決議によって定められた同項第3号の総額が当該決議の日における分配可能額を超える場合に限る。）における当該株主総会に係る総会議案提案取締役

ロ　第157条第1項の規定による決定に

係る取締役会の決議があった場合（当該決議によって定められた同項第3号の総額が当該決議の日における分配可能額を超える場合に限る。）における当該取締役会に係る取締役会議案提案取締役

三 前条第1項第4号に掲げる行為 第171条第1項の株主総会（当該株主総会の決議によって定められた同項第1号に規定する取得対価の総額が当該決議の日における分配可能額を超える場合における当該株主総会に限る。）に係る総会議案提案取締役

四 前条第1項第6号に掲げる行為 次に掲げる者

イ 第197条第3項後段の規定による決定に係る株主総会の決議があった場合（当該決議によって定められた同項第2号の総額が当該決議の日における分配可能額を超える場合に限る。）における当該株主総会に係る総会議案提案取締役

ロ 第197条第3項後段の規定による決定に係る取締役会の決議があった場合（当該決議によって定められた同項第2号の総額が当該決議の日における分配可能額を超える場合に限る。）における当該取締役会に係る取締役会議案提案取締役

五 前条第1項第7号に掲げる行為 次に掲げる者

イ 第234条第4項後段（第235条第2項において準用する場合を含む。）の規定による決定に係る株主総会の決議があった場合（当該決議によって定められた第234条第4項第2号（第235条第2項において準用する場合を含む。）の総額が当該決議の日における分配可能額を超える場合に限る。）における当該株主総会に係る総会議案提案取締役

ロ 第234条第4項後段（第235条第2項において準用する場合を含む。）の規定による決定に係る取締役会の決議があった場合（当該決議によって定められた第234条第4項第2号（第235条第2項において準用する場合を含む。）の総額が当該決議の日における分配可能額

を超える場合に限る。）における当該取締役会に係る取締役会議案提案取締役

六 前条第1項第8号に掲げる行為 次に掲げる者

イ 第454条第1項の規定による決定に係る株主総会の決議があった場合（当該決議によって定められた配当財産の帳簿価額が当該決議の日における分配可能額を超える場合に限る。）における当該株主総会に係る総会議案提案取締役

ロ 第454条第1項の規定による決定に係る取締役会の決議があった場合（当該決議によって定められた配当財産の帳簿価額が当該決議の日における分配可能額を超える場合に限る。）における当該取締役会に係る取締役会議案提案取締役

2 前項の規定にかかわらず，業務執行者及び同項各号に定める者は，その職務を行うについて注意を怠らなかったことを証明したときは，同項の義務を負わない。

3 第1項の規定により業務執行者及び同項各号に定める者の負う義務は，免除することができない。ただし，前条第1項各号に掲げる行為の時における分配可能額を限度として当該義務を免除することについて総株主の同意がある場合は，この限りでない。

第463条（株主に対する求償権の制限等） 司 H20, H23

前条第1項に規定する場合において，株式会社が第461条第1項各号に掲げる行為により株主に対して交付した金銭等の帳簿価額の総額が当該行為がその効力を生じた日における分配可能額を超えることにつき善意の株主は，当該株主が交付を受けた金銭等について，前条第1項の金銭を支払った業務執行者及び同項各号に定める者からの求償の請求に応ずる義務を負わない。

2 前条第1項に規定する場合には，株式会社の債権者は，同項の規定により義務を負う株主に対し，その交付を受けた金銭等の帳簿価額（当該額が当該債権者の株式会社に対して有する債権額を超える場合にあっては，当該債権額）に相当する金銭を支払わせることができる。

第465条（欠損が生じた場合の責任） 司 H23

株式会社が次の各号に掲げる行為をした場合において、当該行為をした日の属する事業年度（その事業年度の直前の事業年度が最終事業年度でないときは、その事業年度の直前の事業年度）に係る計算書類につき第438条第２項の承認（第439条前段に規定する場合にあっては、第436条第３項の承認）を受けた時における第461条第２項第３号、第４号及び第６号に掲げる額の合計額が同項第１号に掲げる額を超えるときは、当該各号に掲げる行為に関する職務を行った業務執行者は、当該株式会社に対し、連帯して、その超過額（当該超過額が当該各号に定める額を超える場合にあっては、当該各号に定める額）を支払う義務を負う。ただし、当該業務執行者がその職務を行うについて注意を怠らなかったことを証明した場合は、この限りでない。

一　第138条第１号ハ又は第２号ハの請求に応じて行う当該株式会社の株式の買取り　当該株式の買取りにより株主に対して交付した金銭等の帳簿価額の総額

二　第156条第１項の規定による決定に基づく当該株式会社の株式の取得（第163条に規定する場合又は第165条第１項に規定する場合における当該株式会社による株式の取得に限る。）　当該株式の取得により株主に対して交付した金銭等の帳簿価額の総額

三　第157条第１項の規定による決定に基づく当該株式会社の株式の取得　当該株式の取得により株主に対して交付した金銭等の帳簿価額の総額

四　第167条第１項の規定による当該株式会社の株式の取得　当該株式の取得により株主に対して交付した金銭等の帳簿価額の総額

五　第170条第１項の規定による当該株式会社の株式の取得　当該株式の取得により株主に対して交付した金銭等の帳簿価額の総額

六　第173条第１項の規定による当該株式会社の株式の取得　当該株式の取得により株主に対して交付した金銭等の帳簿価額の総額

七　第176条第１項の規定による請求に基づく当該株式会社の株式の買取り　当該株式の買取りにより株主に対して交付した金銭等の帳簿価額の総額

八　第197条第３項の規定による当該株式会社の株式の買取り　当該株式の買取りにより株主に対して交付した金銭等の帳簿価額の総額

九　次のイ又はロに掲げる規定による当該株式会社の株式の買取り　当該株式の買取りにより当該イ又はロに定める者に対して交付した金銭等の帳簿価額の総額

イ　第234条第４項　同条第１項各号に定める者

ロ　第235条第２項において準用する第234条第４項　株主

十　剰余金の配当（次のイからハまでに掲げるものを除く。）　当該剰余金の配当についての第446条第６号イからハまでに掲げる額の合計額

イ　定時株主総会（第439条前段に規定する場合にあっては、定時株主総会又は第436条第３項の取締役会）において第454条第１項各号に掲げる事項を定める場合における剰余金の配当

ロ　第447条第１項各号に掲げる事項を定めるための株主総会において第454条第１項各号に掲げる事項を定める場合（同項第１号の額（第456条の規定により基準未満株式の株主に支払う金銭があるときは、その額を合算した額）が第447条第１項第１号の額を超えない場合であって、同項第２号に掲げる事項についての定めがない場合に限る。）における剰余金の配当

ハ　第448条第１項各号に掲げる事項を定めるための株主総会において第454条第１項各号に掲げる事項を定める場合（同項第１号の額（第456条の規定により基準未満株式の株主に支払う金銭があるときは、その額を合算した額）が第448条第１項第１号の額を超えない場合であって、同項第２号に掲げる事項についての定めがない場合に限る。）における剰余金の配当

2　前項の義務は、総株主の同意がなければ、免除することができない。

第６章　定款の変更

第7章　事業の譲渡等

第467条（事業譲渡等の承認等）　📖H18, H27, H29　📝R02

　株式会社は，次に掲げる行為をする場合には，当該行為がその効力を生ずる日（以下この章において「効力発生日」という。）の前日までに，株主総会の決議によって，当該行為に係る契約の承認を受けなければならない。

一　事業の全部の譲渡

二　事業の重要な一部の譲渡（当該譲渡により譲り渡す資産の帳簿価額が当該株式会社の総資産額として法務省令で定める方法により算定される額の5分の1（これを下回る割合を定款で定めた場合にあっては，その割合）を超えないものを除く。）

二の二　その子会社の株式又は持分の全部又は一部の譲渡（次のいずれにも該当する場合における譲渡に限る。）

　イ　当該譲渡により譲り渡す株式又は持分の帳簿価額が当該株式会社の総資産額として法務省令で定める方法により算定される額の5分の1（これを下回る割合を定款で定めた場合にあっては，その割合）を超えるとき。

　ロ　当該株式会社が，効力発生日において当該子会社の議決権の総数の過半数の議決権を有しないとき。

三　他の会社（外国会社その他の法人を含む。次条において同じ。）の事業の全部の譲受け

四　事業の全部の賃貸，事業の全部の経営の委任，他人と事業上の損益の全部を共通にする契約その他これらに準ずる契約の締結，変更又は解約

五　当該株式会社（第25条第1項各号に掲げる方法により設立したものに限る。以下この号において同じ。）の成立後2年以内におけるその成立前から存在する財産であってその事業のために継続して使用するものの取得。ただし，イに掲げる額のロに掲げる額に対する割合が5分の1（これを下回る割合を当該株式会社の定款で定めた場合にあっては，その割合）を超えない場合を除く。

　イ　当該財産の対価として交付する財産

の帳簿価額の合計額

　ロ　当該株式会社の純資産額として法務省令で定める方法により算定される額

2　前項第3号に掲げる行為をする場合において，当該行為をする株式会社が譲り受ける資産に当該株式会社の株式が含まれるときは，取締役は，同項の株主総会において，当該株式に関する事項を説明しなければならない。

第8章　解散

第9章　清算

第564条（協定の条項）　📝H24

　協定においては，協定債権者の権利（第522条第2項に規定する担保権を除く。）の全部又は一部の変更に関する条項を定めなければならない。

2　協定債権者の権利の全部又は一部を変更する条項においては，債務の減免，期限の猶予その他の権利の変更の一般的基準を定めなければならない。

第3編　持分会社

第1章　設立

第2章　社員

第3章　管理

第4章　社員の加入及び退社

第5章　計算等

第6章　定款の変更

第7章　解散

第8章　清算

第4編　社債

第1章　総則

第783条（吸収合併契約等の承認等）　🔲H21 🈂️H25, H28

消滅株式会社等は，効力発生日の前日までに，株主総会の決議によって，吸収合併契約等の承認を受けなければならない。

2　前項の規定にかかわらず，吸収合併消滅株式会社又は株式交換完全子会社が種類株式発行会社でない場合において，吸収合併消滅株式会社又は株式交換完全子会社の株主に対して交付する金銭等（以下この条及び次条第１項において「合併対価等」という。）の全部又は一部が持分等（持分会社の持分その他これに準ずるものとして法務省令で定めるものをいう。以下この条において同じ。）であるときは，吸収合併契約又は株式交換契約について吸収合併消滅株式会社又は株式交換完全子会社の総株主の同意を得なければならない。

3　吸収合併消滅株式会社又は株式交換完全子会社が種類株式発行会社である場合において，合併対価等の全部又は一部が譲渡制限株式等（譲渡制限株式その他これに準ずるものとして法務省令で定めるものをいう。以下この章において同じ。）であるときは，

吸収合併又は株式交換は，当該譲渡制限株式等の割当てを受ける種類の株式（譲渡制限株式を除く。）の種類株主を構成員とする種類株主総会（当該種類株主に係る株式の種類が２以上ある場合にあっては，当該２以上の株式の種類別に区分された種類株主を構成員とする各種類株主総会）の決議がなければ，その効力を生じない。ただし，当該種類株主総会において議決権を行使することができる株主が存しない場合は，この限りでない。

4　吸収合併消滅株式会社又は株式交換完全子会社が種類株式発行会社である場合において，合併対価等の全部又は一部が持分等であるときは，吸収合併又は株式交換は，当該持分等の割当てを受ける種類の株主の全員の同意がなければ，その効力を生じない。

5　消滅株式会社等は，効力発生日の20日前までに，その登録株式質権者（次条第２項に規定する場合における登録株式質権者を除く。）及び第787条第３項各号に定める新株予約権の登録新株予約権質権者に対し，吸収合併等をする旨を通知しなければならない。

6　前項の規定による通知は，公告をもってこれに代えることができる。

第784条（吸収合併契約等の承認を要しない場合）　🈂️H25

前条第１項の規定は，吸収合併存続会社，吸収分割承継会社又は株式交換完全親会社（以下この目において「存続会社等」という。）が消滅株式会社等の特別支配会社である場合には，適用しない。ただし，吸収合併又は株式交換における合併対価等の全部又は一部が譲渡制限株式等である場合であって，消滅株式会社等が公開会社であり，かつ，種類株式発行会社でないときは，この限りでない。

2　前条の規定は，吸収分割により吸収分割承継会社に承継させる資産の帳簿価額の合計額が吸収分割株式会社の総資産額として法務省令で定める方法により算定される額の５分の１（これを下回る割合を吸収分割株式会社の定款で定めた場合にあっては，その割合）を超えない場合には，適用しない。

第784条の２（吸収合併等をやめることの請求）　🈂️H25, H28

次に掲げる場合において、消滅株式会社等の株主が不利益を受けるおそれがあるときは、消滅株式会社等の株主は、消滅株式会社等に対し、吸収合併等をやめることを請求することができる。ただし、前条第2項に規定する場合は、この限りでない。
一 当該吸収合併等が法令又は定款に違反する場合
二 前条第1項本文に規定する場合において、第749条第1項第2号若しくは第3号、第751条第1項第3号若しくは第4号、第758条第4号、第760条第4号若しくは第5号、第768条第1項第2号若しくは第3号又は第770条第1項第3号若しくは第4号に掲げる事項が消滅株式会社等又は存続会社等の財産の状況その他の事情に照らして著しく不当であるとき。

第785条（反対株主の株式買取請求） 🔲H20,H21

吸収合併等をする場合（次に掲げる場合を除く。）には、反対株主は、消滅株式会社等に対し、自己の有する株式を公正な価格で買い取ることを請求することができる。
一 第783条第2項に規定する場合
二 第784条第2項に規定する場合
2 前項に規定する「反対株主」とは、次の各号に掲げる場合における当該各号に定める株主（第783条第4項に規定する場合における同項に規定する持分等の割当てを受ける株主を除く。）をいう。
一 吸収合併等をするために株主総会（種類株主総会を含む。）の決議を要する場合 次に掲げる株主
イ 当該株主総会に先立って当該吸収合併等に反対する旨を当該消滅株式会社等に対し通知し、かつ、当該株主総会において当該吸収合併等に反対した株主（当該株主総会において議決権を行使することができるものに限る。）
ロ 当該株主総会において議決権を行使することができない株主
二 前号に規定する場合以外の場合 全ての株主（第784条第1項本文に規定する場合における当該特別支配会社を除く。）
3 消滅株式会社等は、効力発生日の20日前までに、その株主（第783条第4項に規定する場合における同項に規定する持分等の割

当てを受ける株主及び第784条第1項本文に規定する場合における当該特別支配会社を除く。）に対し、吸収合併等をする旨並びに存続会社等の商号及び住所を通知しなければならない。ただし、第1項各号に掲げる場合は、この限りでない。
4 次に掲げる場合には、前項の規定による通知は、公告をもってこれに代えることができる。
一 消滅株式会社等が公開会社である場合
二 消滅株式会社等が第783条第1項の株主総会の決議によって吸収合併契約等の承認を受けた場合
5 第1項の規定による請求（以下この目において「株式買取請求」という。）は、効力発生日の20日前の日から効力発生日の前日までの間に、その株式買取請求に係る株式の数（種類株式発行会社にあっては、株式の種類及び種類ごとの数）を明らかにしてしなければならない。
6 株券が発行されている株式について株式買取請求をしようとするときは、当該株式の株主は、消滅株式会社等に対し、当該株式に係る株券を提出しなければならない。ただし、当該株券について第223条の規定による請求をした者については、この限りでない。
7 株式買取請求をした株主は、消滅株式会社等の承諾を得た場合に限り、その株式買取請求を撤回することができる。
8 吸収合併等を中止したときは、株式買取請求は、その効力を失う。
9 第133条の規定は、株式買取請求に係る株式については、適用しない。

第797条（反対株主の株式買取請求） 🔲H18,H20

吸収合併等をする場合には、反対株主は、存続株式会社等に対し、自己の有する株式を公正な価格で買い取ることを請求することができる。ただし、第796条第2項本文に規定する場合（第795条第2項各号に掲げる場合及び第796条第1項ただし書又は第3項に規定する場合を除く。）は、この限りでない。
2 前項に規定する「反対株主」とは、次の各号に掲げる場合における当該各号に定める株主をいう。

一　吸収合併等をするために株主総会（種類株主総会を含む。）の決議を要する場合次に掲げる株主

　イ　当該株主総会に先立って当該吸収合併等に反対する旨を当該存続株式会社等に対し通知し、かつ、当該株主総会において当該吸収合併等に反対した株主（当該株主総会において議決権を行使することができるものに限る。）

　ロ　当該株主総会において議決権を行使することができない株主

二　前号に規定する場合以外の場合　全ての株主（第796条第１項本文に規定する場合における当該特別支配会社を除く。）

3　存続株式会社等は、効力発生日の20日前までに、その株主（第796条第１項本文に規定する場合における当該特別支配会社を除く。）に対し、吸収合併等をする旨並びに消滅会社等の商号及び住所（第795条第３項に規定する場合にあっては、吸収合併等をする旨、消滅会社等の商号及び住所並びに同項の株式に関する事項）を通知しなければならない。

4　次に掲げる場合には、前項の規定による通知は、公告をもってこれに代えることができる。

一　存続株式会社等が公開会社である場合

二　存続株式会社等が第795条第１項の株主総会の決議によって吸収合併契約等の承認を受けた場合

5　第１項の規定による請求（以下この目において「株式買取請求」という。）は、効力発生日の20日前の日から効力発生日の前日までの間に、その株式買取請求に係る株式の数（種類株式発行会社にあっては、株式の種類及び種類ごとの数）を明らかにしてしなければならない。

6　株券が発行されている株式について株式買取請求をしようとするときは、当該株式の株主は、存続株式会社等に対し、当該株式に係る株券を提出しなければならない。ただし、当該株券について第223条の規定による請求をした者については、この限りでない。

7　株式買取請求をした株主は、存続株式会社等の承諾を得た場合に限り、その株式買取請求を撤回することができる。

8　吸収合併等を中止したときは、株式買取請求は、その効力を失う。

9　第133条の規定は、株式買取請求に係る株式については、適用しない。

第799条（債権者の異議）　H20

　次の各号に掲げる場合には、当該各号に定める債権者は、存続株式会社等に対し、吸収合併等について異議を述べることができる。

一　吸収合併をする場合　吸収合併存続株式会社の債権者

二　吸収分割をする場合　吸収分割承継株式会社の債権者

三　株式交換をする場合において、株式交換完全子会社の株主に対して交付する金銭等が株式交換完全親株式会社の株式その他これに準ずるものとして法務省令で定めるもののみである場合以外の場合又は第768条第１項第４号ハに規定する場合　株式交換完全親株式会社の債権者

2　前項の規定により存続株式会社等の債権者が異議を述べることができる場合には、存続株式会社等は、次に掲げる事項を官報に公告し、かつ、知れている債権者には、各別にこれを催告しなければならない。ただし、第４号の期間は、１箇月を下ることができない。

一　吸収合併等をする旨

二　消滅会社等の商号及び住所

三　存続株式会社等及び消滅会社等（株式会社に限る。）の計算書類に関する事項として法務省令で定めるもの

四　債権者が一定の期間内に異議を述べることができる旨

3　前項の規定にかかわらず、存続株式会社等が同項の規定による公告を、官報のほか、第939条第１項の規定による定款の定めに従い、同項第２号又は第３号に掲げる公告方法によりするときは、前項の規定による各別の催告は、することを要しない。

4　債権者が第２項第４号の期間内に異議を述べなかったときは、当該債権者は、当該吸収合併等について承認をしたものとみなす。

5　債権者が第２項第４号の期間内に異議を述べたときは、存続株式会社等は、当該債権者に対し、弁済し、若しくは相当の担保を提供し、又は当該債権者に弁済を受けさせ

ることを目的として信託会社等に相当の財
産を信託しなければならない。ただし，当
該吸収合併等をしても当該債権者を害する
おそれがないときは，この限りでない。

第6編　外国会社

第7編　雑則

第1章　会社の解散命令等

第2章　訴訟

第828条（会社の組織に関する行為の無効の訴え）
🔲 H19, H20, H21, H22, H23, H25, H26, R02
予 H25, H26, H28

　　次の各号に掲げる行為の無効は，当該各
号に定める期間に，訴えをもってのみ主張
することができる。
　一　会社の設立　会社の成立の日から2年
　　以内
　二　株式会社の成立後における株式の発行
　　株式の発行の効力が生じた日から6箇月
　　以内（公開会社でない株式会社にあって
　　は，株式の発行の効力が生じた日から1
　　年以内）
　三　自己株式の処分　自己株式の処分の効
　　力が生じた日から6箇月以内（公開会社
　　でない株式会社にあっては，自己株式の
　　処分の効力が生じた日から1年以内）
　四　新株予約権（当該新株予約権が新株予
　　約権付社債に付されたものである場合に
　　あっては，当該新株予約権付社債につい
　　ての社債を含む。以下この章において同
　　じ。）の発行　新株予約権の発行の効力が
　　生じた日から6箇月以内（公開会社でな
　　い株式会社にあっては，新株予約権の発
　　行の効力が生じた日から1年以内）
　五　株式会社における資本金の額の減少
　　資本金の額の減少の効力が生じた日から
　　6箇月以内
　六　会社の組織変更　組織変更の効力が生
　　じた日から6箇月以内
　七　会社の吸収合併　吸収合併の効力が生
　　じた日から6箇月以内
　八　会社の新設合併　新設合併の効力が生
　　じた日から6箇月以内
　九　会社の吸収分割　吸収分割の効力が生

じた日から6箇月以内
　十　会社の新設分割　新設分割の効力が生
　　じた日から6箇月以内
　十一　株式会社の株式交換　株式交換の効
　　力が生じた日から6箇月以内
　十二　株式会社の株式移転　株式移転の効
　　力が生じた日から6箇月以内
　十三　株式会社の株式交付　株式交付の効
　　力が生じた日から6箇月以内
2　次の各号に掲げる行為の無効の訴えは，当
　該各号に定める者に限り，提起することが
　できる。
　一　前項第1号に掲げる行為　設立する株
　　式会社の株主等（株主，取締役又は清算
　　人（監査役設置会社にあっては株主，取
　　締役，監査役又は清算人，指名委員会等
　　設置会社にあっては株主，取締役，執行
　　役又は清算人）をいう。以下この節にお
　　いて同じ。）又は設立する持分会社の社員
　　等（社員又は清算人をいう。以下この項
　　において同じ。）
　二　前項第2号に掲げる行為　当該株式会
　　社の株主等
　三　前項第3号に掲げる行為　当該株式会
　　社の株主等
　四　前項第4号に掲げる行為　当該株式会
　　社の株主等又は新株予約権者
　五　前項第5号に掲げる行為　当該株式会
　　社の株主等，破産管財人又は資本金の額
　　の減少について承認をしなかった債権者
　六　前項第6号に掲げる行為　当該行為の
　　効力が生じた日において組織変更をする
　　会社の株主等若しくは社員等であった者
　　又は組織変更後の会社の株主等，社員等，
　　破産管財人若しくは組織変更について承
　　認をしなかった債権者
　七　前項第7号に掲げる行為　当該行為の
　　効力が生じた日において吸収合併をする
　　会社の株主等若しくは社員等であった者
　　又は吸収合併後存続する会社の株主等，
　　社員等，破産管財人若しくは吸収合併に
　　ついて承認をしなかった債権者
　八　前項第8号に掲げる行為　当該行為の
　　効力が生じた日において新設合併をする
　　会社の株主等若しくは社員等であった者
　　又は新設合併により設立する会社の株主
　　等，社員等，破産管財人若しくは新設合

併について承認をしなかった債権者

九　前項第9号に掲げる行為　当該行為の効力が生じた日において吸収分割契約をした会社の株主等若しくは社員等であった者又は吸収分割契約をした会社の株主等，社員等，破産管財人若しくは吸収分割について承認をしなかった債権者

十　前項第10号に掲げる行為　当該行為の効力が生じた日において新設分割をする会社の株主等若しくは社員等であった者又は新設分割をする会社若しくは新設分割により設立する会社の株主等，社員等，破産管財人若しくは新設分割について承認をしなかった債権者

十一　前項第11号に掲げる行為　当該行為の効力が生じた日において株式交換契約をした会社の株主等若しくは社員等であった者又は株式交換契約をした会社の株主等，社員等，破産管財人若しくは株式交換について承認をしなかった債権者

十二　前項第12号に掲げる行為　当該行為の効力が生じた日において株式移転をする株式会社の株主等であった者又は株式移転により設立する株式会社の株主等，破産管財人若しくは株式移転について承認をしなかった債権者

十三　前項第13号に掲げる行為　当該行為の効力が生じた日において株式交付親会社の株主等であった者，株式交付に際して株式交付親会社に株式交付子会社の株式若しくは新株予約権等を譲り渡した者又は株式交付親会社の株主等，破産管財人若しくは株式交付について承認をしなかった債権者

第829条（新株発行等の不存在の確認の訴え）
⊡H22, H26

次に掲げる行為については，当該行為が存在しないことの確認を，訴えをもって請求することができる。

一　株式会社の成立後における株式の発行
二　自己株式の処分
三　新株予約権の発行

第830条（株主総会等の決議の不存在又は無効の確認の訴え）⊡H21, H23, H28, H29, H30

株主総会若しくは種類株主総会又は創立総会若しくは種類創立総会（以下この節及び第937条第1項第1号トにおいて「株主総

会等」という。）の決議については，決議が存在しないことの確認を，訴えをもって請求することができる。

2　株主総会等の決議については，決議の内容が法令に違反することを理由として，決議が無効であることの確認を，訴えをもって請求することができる。

第831条（株主総会等の決議の取消しの訴え）
⊡H18, H20, H21, H23, H24, H25, H28, H29, H30, R02　⊕H23, H25, H28, R01

次の各号に掲げる場合には，株主等（当該各号の株主総会等が創立総会又は種類創立総会である場合にあっては，株主等，設立時株主，設立時取締役又は設立時監査役）は，株主総会等の決議の日から3箇月以内に，訴えをもって当該決議の取消しを請求することができる。当該決議の取消しにより株主（当該決議が創立総会の決議である場合にあっては，設立時株主）又は取締役（監査等委員会設置会社にあっては，監査等委員である取締役又はそれ以外の取締役。以下この項において同じ。），監査役若しくは清算人（当該決議が株主総会又は種類株主総会の決議である場合にあっては第346条第1項（第479条第4項において準用する場合を含む。）の規定により取締役，監査役又は清算人としての権利義務を有する者を含み，当該決議が創立総会又は種類創立総会の決議である場合にあっては設立時取締役（設立しようとする株式会社が監査等委員会設置会社である場合にあっては，設立時監査等委員である設立時取締役又はそれ以外の設立時取締役）又は設立時監査役を含む。）となる者も，同様とする。

一　株主総会等の招集の手続又は決議の方法が法令若しくは定款に違反し，又は著しく不公正なとき。
二　株主総会等の決議の内容が定款に違反するとき。
三　株主総会等の決議について特別の利害関係を有する者が議決権を行使したことによって，著しく不当な決議がされたとき。

2　前項の訴えの提起があった場合において，株主総会等の招集の手続又は決議の方法が法令又は定款に違反するときであっても，裁判所は，その違反する事実が重大でなく，

かつ，決議に影響を及ぼさないものである
と認めるときは，同項の規定による請求を
棄却することができる。

第834条（被告）　⬚H30, R02
　次の各号に掲げる訴え（以下この節にお
いて「会社の組織に関する訴え」と総称す
る。）については，当該各号に定める者を被
告とする。
一　会社の設立の無効の訴え　設立する会
　社
二　株式会社の成立後における株式の発行
　の無効の訴え（第840条第1項において「新
　株発行の無効の訴え」という。）　株式の
　発行をした株式会社
三　自己株式の処分の無効の訴え　自己株
　式の処分をした株式会社
四　新株予約権の発行の無効の訴え　新株
　予約権の発行をした株式会社
五　株式会社における資本金の額の減少の
　無効の訴え　当該株式会社
六　会社の組織変更の無効の訴え　組織変
　更後の会社
七　会社の吸収合併の無効の訴え　吸収合
　併後存続する会社
八　会社の新設合併の無効の訴え　新設合
　併により設立する会社
九　会社の吸収分割の無効の訴え　吸収分
　割契約をした会社
十　会社の新設分割の無効の訴え　新設分
　割をする会社及び新設分割により設立す
　る会社
十一　株式会社の株式交換の無効の訴え
　株式交換契約をした会社
十二　株式会社の株式移転の無効の訴え
　株式移転をする株式会社及び株式移転に
　より設立する株式会社
十二の二　株式会社の株式交付の無効の訴
　え　株式交付親会社
十三　株式会社の成立後における株式の発
　行が存在しないことの確認の訴え　株式
　の発行をした株式会社
十四　自己株式の処分が存在しないことの
　確認の訴え　自己株式の処分をした株式
　会社
十五　新株予約権の発行が存在しないこと
　の確認の訴え　新株予約権の発行をした
　株式会社

十六　株主総会等の決議が存在しないこと
　又は株主総会等の決議の内容が法令に違
　反することを理由として当該決議が無効
　であることの確認の訴え　当該株式会社
十七　株主総会等の決議の取消しの訴え
　当該株式会社
十八　第832条第1号の規定による持分会社
　の設立の取消しの訴え　当該持分会社
十九　第832条第2号の規定による持分会社
　の設立の取消しの訴え　当該持分会社及
　び同号の社員
二十　株式会社の解散の訴え　当該株式会
　社
二十一　持分会社の解散の訴え　当該持分
　会社

第839条（無効又は取消しの判決の効力）
　⬚H18, H25, H26, H30, R02
　会社の組織に関する訴え（第834条第1
号から第12号の2まで，第18号及び第19
号に掲げる訴えに限る。）に係る請求を認容
する判決が確定したときは，当該判決にお
いて無効とされ，又は取り消された行為（当
該行為によって会社が設立された場合にあ
っては当該設立を含み，当該行為に際して
株式又は新株予約権が交付された場合にあ
っては当該株式又は新株予約権を含む。）は，
将来に向かってその効力を失う。

第840条（新株発行の無効判決の効力）　⬚H26
　新株発行の無効の訴えに係る請求を認容
する判決が確定したときは，当該株式会社
は，当該判決の確定時における当該株式に
係る株主に対し，払込みを受けた金額又は
給付を受けた財産の給付の時における価額
に相当する金銭を支払わなければならない。
この場合において，当該株式会社が株券発
行会社であるときは，当該株式会社は，当
該株主に対し，当該金銭の支払をするのと
引換えに，当該株式に係る旧株券（前条の
規定により効力を失った株式に係る株券を
いう。以下この節において同じ。）を返還す
ることを請求することができる。
2　前項の金銭の金額が同項の判決が確定した
　時における会社財産の状況に照らして著し
　く不当であるときは，裁判所は，同項前
　段の株式会社又は株主の申立てにより，当
　該金額の増減を命ずることができる。
3　前項の申立ては，同項の判決が確定した日

から６箇月以内にしなければならない。

4　第１項前段に規定する場合には，同項前段の株式を目的とする質権は，同項の金銭について存在する。

5　第１項前段に規定する場合には，前項の質権の登録株式質権者は，第１項前段の株式会社から同項の金銭を受領し，他の債権者に先立って自己の債権の弁済に充てることができる。

6　前項の債権の弁済期が到来していないときは，同項の登録株式質権者は，第１項前段の株式会社に同項の金銭に相当する金額を供託させることができる。この場合において，質権は，その供託金について存在する。

第847条（株主による責任追及等の訴え）

　🔲H18, H24, H26, H30　予H25, H27, H29, R02

　　６箇月（これを下回る期間を定款で定めた場合にあっては，その期間）前から引き続き株式を有する株主（第189条第２項の定款の定めによりその権利を行使することができない単元未満株主を除く。）は，株式会社に対し，書面その他の法務省令で定める方法により，発起人，設立時取締役，設立時監査役，役員等（第423条第１項に規定する役員等をいう。）若しくは清算人（以下この節において「発起人等」という。）の責任を追及する訴え，第102条の２第１項，第212条第１項若しくは第285条第１項の規定による支払を求める訴え，第120条第３項の利益の返還を求める訴え又は第213条の２第１項若しくは第286条の２第１項の規定による支払若しくは給付を求める訴え（以下この節において「責任追及等の訴え」という。）の提起を請求することができる。ただし，責任追及等の訴えが当該株主若しくは第三者の不正な利益を図り又は当該株式会社に損害を加えることを目的とする場合は，この限りでない。

2　公開会社でない株式会社における前項の規定の適用については，同項中「６箇月（これを下回る期間を定款で定めた場合にあっては，その期間）前から引き続き株式を有する株主」とあるのは，「株主」とする。

3　株式会社が第１項の規定による請求の日から60日以内に責任追及等の訴えを提起しないときは，当該請求をした株主は，株式会社のために，責任追及等の訴えを提起する

ことができる。

4　株式会社は，第１項の規定による請求の日から60日以内に責任追及等の訴えを提起しない場合において，当該請求をした株主又は同項の発起人等から請求を受けたときは，当該請求をした者に対し，遅滞なく，責任追及等の訴えを提起しない理由を書面その他の法務省令で定める方法により通知しなければならない。

5　第１項及び第３項の規定にかかわらず，同項の期間の経過により株式会社に回復することができない損害が生ずるおそれがある場合には，第１項の株主は，株式会社のために，直ちに責任追及等の訴えを提起することができる。ただし，同項ただし書に規定する場合は，この限りでない。

第847条の２（最終完全親会社等の株主による特定責任追及等の訴え）　予R02

　　６箇月（これを下回る期間を定款で定めた場合にあっては，その期間）前から引き続き株式会社の最終完全親会社等（当該株式会社の完全親会社等であって，その完全親会社等がないものをいう。以下この節において同じ。）の総株主（株主総会において決議をすることができる事項の全部につき議決権を行使することができない株主を除く。）の議決権の100分の１（これを下回る割合を定款で定めた場合にあっては，その割合）以上の議決権を有する株主又は当該最終完全親会社等の発行済株式（自己株式を除く。）の100分の１（これを下回る割合を定款で定めた場合にあっては，その割合）以上の数の株式を有する株主は，当該株式会社に対し，書面その他の法務省令で定める方法により，特定責任に係る責任追及等の訴え（以下この節において「特定責任追及等の訴え」という。）の提起を請求することができる。ただし，次のいずれかに該当する場合は，この限りでない。

一　特定責任追及等の訴えが当該株主若しくは第三者の不正な利益を図り又は当該株式会社若しくは当該最終完全親会社等に損害を加えることを目的とする場合

二　当該特定責任の原因となった事実によって当該最終完全親会社等に損害が生じていない場合

2　前項に規定する「完全親会社等」とは，次

に掲げる株式会社をいう。

一　完全親会社

二　株式会社の発行済株式の全部を他の株式会社及びその完全子会社等（株式会社がその株式又は持分の全部を有する法人をいう。以下この条及び第849条第3項において同じ。）又は他の株式会社の完全子会社等が有する場合における当該他の株式会社（完全親会社を除く。）

3　前項第2号の場合において、同号の他の株式会社及びその完全子会社等又は同号の他の株式会社の完全子会社等が他の法人の株式又は持分の全部を有する場合における当該他の法人は、当該他の株式会社の完全子会社等とみなす。

4　第1項に規定する「特定責任」とは、当該株式会社の発起人等の責任の原因となった事実が生じた日において最終完全親会社等及びその完全子会社等（前項の規定により当該完全子会社等とみなされるものを含む。次項及び第849条第3項において同じ。）における当該株式会社の株式の帳簿価額が当該最終完全親会社等の総資産額として法務省令で定める方法により算定される額の5分の1（これを下回る割合を定款で定めた場合にあっては、その割合）を超える場合における当該発起人等の責任をいう（第10項及び同条第7項において同じ。）。

5　最終完全親会社等が、発起人等の責任の原因となった事実が生じた日において最終完全親会社等であった株式会社をその完全子会社等としたものである場合には、前項の規定の適用については、当該最終完全親会社等であった株式会社を同項の最終完全親会社等とみなす。

6　公開会社でない最終完全親会社等における第1項の規定の適用については、同項中「6箇月（これを下回る期間を定款で定めた場合にあっては、その期間）前から引き続き株式会社」とあるのは、「株式会社」とする。

7　株式会社が第1項の規定による請求の日から60日以内に特定責任追及の訴えを提起しないときは、当該請求をした最終完全親会社等の株主は、株式会社のために、特定責任追及の訴えを提起することができる。

8　株式会社は、第1項の規定による請求の日から60日以内に特定責任追及の訴えを提起

しない場合において、当該請求をした最終完全親会社等の株主又は当該請求に係る特定責任追及の訴えの被告となることとなる発起人等から請求を受けたときは、当該請求をした者に対し、遅滞なく、特定責任追及の訴えを提起しない理由を書面その他の法務省令で定める方法により通知しなければならない。

9　第1項及び第7項の規定にかかわらず、同項の期間の経過により株式会社に回復することができない損害が生ずるおそれがある場合には、第1項に規定する株主は、株式会社のために、直ちに特定責任追及の訴えを提起することができる。ただし、同項ただし書に規定する場合は、この限りでない。

10　株式会社に最終完全親会社等がある場合において、特定責任を免除するときにおける第55条、第103条第3項、第120条第5項、第424条（第486条第4項において準用する場合を含む。）、第462条第3項ただし書、第464条第2項及び第465条第2項の規定の適用については、これらの規定中「総株主」とあるのは、「総株主及び株式会社の第847条の3第1項に規定する最終完全親会社等の総株主」とする。

第847条の3（最終完全親会社等の株主による特定責任追及の訴え）**予R02**

6箇月（これを下回る期間を定款で定めた場合にあっては、その期間）前から引き続き株式会社の最終完全親会社等（当該株式会社の完全親会社等であって、その完全親会社等がないものをいう。以下この節において同じ。）の総株主（株主総会において決議をすることができる事項の全部につき議決権を行使することができない株主を除く。）の議決権の100分の1（これを下回る割合を定款で定めた場合にあっては、その割合）以上の議決権を有する株主又は当該最終完全親会社等の発行済株式（自己株式を除く。）の100分の1（これを下回る割合を定款で定めた場合にあっては、その割合）以上の数の株式を有する株主は、当該株式会社に対し、書面その他の法務省令で定める方法により、特定責任に係る責任追及等の訴え（以下この節において「特定責任追及の訴え」という。）の提起を請求することができる。ただし、次のいずれかに該当す

る場合は、この限りでない。

　一　特定責任追及の訴えが当該株主若しくは第三者の不正な利益を図り又は当該株式会社若しくは当該最終完全親会社等に損害を加えることを目的とする場合

　二　当該特定責任の原因となった事実によって当該最終完全親会社等に損害が生じていない場合

2　前項に規定する「完全親会社等」とは、次に掲げる株式会社をいう。

　一　完全親会社

　二　株式会社の発行済株式の全部を他の株式会社及びその完全子会社等（株式会社がその株式又は持分の全部を有する法人をいう。以下この条及び第849条第3項において同じ。）又は他の株式会社の完全子会社等が有する場合における当該他の株式会社（完全親会社を除く。）

3　前項第2号の場合において、同号の他の株式会社及びその完全子会社等又は同号の他の株式会社の完全子会社等が他の法人の株式又は持分の全部を有する場合における当該他の法人は、当該他の株式会社の完全子会社等とみなす。

4　第1項に規定する「特定責任」とは、当該株式会社の発起人等の責任の原因となった事実が生じた日において最終完全親会社等及びその完全子会社等（前項の規定により当該完全子会社等とみなされるものを含む。次項及び第849条第3項において同じ。）における当該株式会社の株式の帳簿価額が当該最終完全親会社等の総資産額として法務省令で定める方法により算定される額の5分の1（これを下回る割合を定款で定めた場合にあっては、その割合）を超える場合における当該発起人等の責任をいう（第10項及び同条第7項において同じ。）

5　最終完全親会社等が、発起人等の責任の原因となった事実が生じた日において最終完全親会社等であった株式会社をその完全子会社等としたものである場合には、前項の規定の適用については、当該最終完全親会社等であった株式会社を同項の最終完全親会社等とみなす。

6　公開会社でない最終完全親会社等における第一項の規定の適用については、同項中「六箇月（これを下回る期間を定款で定めた場合にあっては、その期間）前から引き続き株式会社」とあるのは、「株式会社」とする。

7　株式会社が第1項の規定による請求の日から60日以内に特定責任追及の訴えを提起しないときは、当該請求をした最終完全親会社等の株主は、株式会社のために、特定責任追及の訴えを提起することができる。

8　株式会社は、第1項の規定による請求の日から60日以内に特定責任追及の訴えを提起しない場合において、当該請求をした最終完全親会社等の株主又は当該請求に係る特定責任追及の訴えの被告となることとなる発起人等から請求を受けたときは、当該請求をした者に対し、遅滞なく、特定責任追及の訴えを提起しない理由を書面その他の法務省令で定める方法により通知しなければならない。

9　第1項及び第7項の規定にかかわらず、同項の期間の経過により株式会社に回復することができない損害が生ずるおそれがある場合には、第1項に規定する株主は、株式会社のために、直ちに特定責任追及の訴えを提起することができる。ただし、同項ただし書に規定する場合は、この限りでない。

10　株式会社に最終完全親会社等がある場合において、特定責任を免除するときにおける第55条、第103条第3項、第120条第5項、第424条（第486条第4項において準用する場合を含む。）、第462条第3項ただし書、第464条第2項及び第465条第2項の規定の適用については、これらの規定中「総株主」とあるのは、「総株主及び株式会社の第847条の3第1項に規定する最終完全親会社等の総株主」とする。

第854条（株式会社の役員の解任の訴え）

H28

　役員（第329条第1項に規定する役員をいう。以下この節において同じ。）の職務の執行に関し不正の行為又は法令若しくは定款に違反する重大な事実があったにもかかわらず、当該役員を解任する旨の議案が株主総会において否決されたとき又は当該役員を解任する旨の株主総会の決議が第323条の規定によりその効力を生じないときは、次に掲げる株主は、当該株主総会の日から30日以内に、訴えをもって当該役員の解任を請求することができる。

一　総株主（次に掲げる株主を除く。）の議決権の100分の3（これを下回る割合を定款で定めた場合にあっては，その割合）以上の議決権を6箇月（これを下回る期間を定款で定めた場合にあっては，その期間）前から引き続き有する株主（次に掲げる株主を除く。）

イ　当該役員を解任する旨の議案について議決権を行使することができない株主

ロ　当該請求に係る役員である株主

二　発行済株式（次に掲げる株主の有する株式を除く。）の100分の3（これを下回る割合を定款で定めた場合にあっては，その割合）以上の数の株式を6箇月（これを下回る期間を定款で定めた場合にあっては，その期間）前から引き続き有する株主（次に掲げる株主を除く。）

イ　当該株式会社である株主

ロ　当該請求に係る役員である株主

2　公開会社でない株式会社における前項各号の規定の適用については，これらの規定中「6箇月（これを下回る期間を定款で定めた場合にあっては，その期間）前から引き続き有する」とあるのは，「有する」とする。

3　第108条第1項第9号に掲げる事項（取締役（監査等委員会設置会社にあっては，監査等委員である取締役又はそれ以外の取締役）に関するものに限る。）についての定めがある種類の株式を発行している場合における第1項の規定の適用については，同項中「株主総会」とあるのは，「株主総会（第347条第1項の規定により読み替えて適用する第339条第1項の種類株主総会を含む。）」とする。

4　第108条第1項第9号に掲げる事項（監査役に関するものに限る。）についての定めがある種類の株式を発行している場合における第1項の規定の適用については，同項中「株主総会」とあるのは，「株主総会（第347条第2項の規定により読み替えて適用する第339条第1項の種類株主総会を含む。）」とする。

第855条（被告）　司H28

前条第1項の訴え（次条及び第937条第1項第1号ヌにおいて「株式会社の役員の解任の訴え」という。）については，当該株

式会社及び前条第1項の役員を被告とする。

第856条（訴えの管轄）　司H28

株式会社の役員の解任の訴えは，当該株式会社の本店の所在地を管轄する地方裁判所の管轄に専属する。

第3章　非訟

第898条（清算株式会社の財産に関する保全処分等）　司H25

裁判所は，次に掲げる裁判を変更し，又は取り消すことができる。

一　第540条第1項又は第2項の規定による保全処分

二　第541条第1項又は第2項の規定による処分

三　第542条第1項又は第2項の規定による保全処分

四　第543条の規定による処分

2　前項各号に掲げる裁判及び同項の規定による決定に対しては，即時抗告をすることができる。

3　前項の即時抗告は，執行停止の効力を有しない。

4　第2項に規定する裁判及び同項の即時抗告についての裁判があった場合には，その裁判書を当事者に送達しなければならない。

5　裁判所は，第1項第2号に掲げる裁判をしたときは，直ちに，その旨を公告しなければならない。当該裁判を変更し，又は取り消す決定があったときも，同様とする。

第4章　登記

第908条（登記の効力）　司H26

この法律の規定により登記すべき事項は，登記の後でなければ，これをもって善意の第三者に対抗することができない。登記の後であっても，第三者が正当な事由によってその登記があることを知らなかったときは，同様とする。

2　故意又は過失によって不実の事項を登記した者は，その事項が不実であることをもって善意の第三者に対抗することができない。

第5章　公告

第8編　罰則

【会社法施行規則】

公布日：平成18年2月7日
改正法令名：会社法施行規則及び会社計算規
則の一部を改正する省令（令和
3年法務省令第1号）
改正法令公布日：令和3年1月29日

第21条（利益の供与に関して責任をとるべき
取締役等）　 H30
　法第120条第4項に規定する法務省令で
定める者は、次に掲げる者とする。
　一　利益の供与（法第120条第1項に規定す
　　る利益の供与をいう。以下この条におい
　　て同じ。）に関する職務を行った取締役及
　　び執行役
　二　利益の供与が取締役会の決議に基づい
　　て行われたときは、次に掲げる者
　　イ　当該取締役会の決議に賛成した取締
　　　役
　　ロ　当該取締役会に当該利益の供与に関
　　　する議案を提案した取締役及び執行役
　三　利益の供与が株主総会の決議に基づい
　　て行われたときは、次に掲げる者
　　イ　当該株主総会に当該利益の供与に関
　　　する議案を提案した取締役
　　ロ　イの議案の提案の決定に同意した取
　　　締役（取締役会設置会社の取締役を除
　　　く。）
　　ハ　イの議案の提案が取締役会の決議に
　　　基づいて行われたときは、当該取締役
　　　会の決議に賛成した取締役
　　ニ　当該株主総会において当該利益の供
　　　与に関する事項について説明をした取
　　　締役及び執行役

第46条の2（出資の履行の仮装に関して責任
をとるべき取締役等）　 H22　 H29
　法第213条の3第1項に規定する法務省
令で定める者は、次に掲げる者とする。
　一　出資の履行（法第208条第3項に規定す
　　る出資の履行をいう。以下この条におい
　　て同じ。）の仮装に関する職務を行った取
　　締役及び執行役
　二　出資の履行の仮装が取締役会の決議に
　　基づいて行われたときは、次に掲げる者
　　イ　当該取締役会の決議に賛成した取締
　　　役
　　ロ　当該取締役会に当該出資の履行の仮

装に関する議案を提案した取締役及び
執行役
　三　出資の履行の仮装が株主総会の決議に
　　基づいて行われたときは、次に掲げる者
　　イ　当該株主総会に当該出資の履行の仮
　　　装に関する議案を提案した取締役
　　ロ　イの議案の提案の決定に同意した取
　　　締役（取締役会設置会社の取締役を除
　　　く。）
　　ハ　イの議案の提案が取締役会の決議に
　　　基づいて行われたときは、当該取締役
　　　会の決議に賛成した取締役
　　ニ　当該株主総会において当該出資の履
　　　行の仮装に関する事項について説明を
　　　した取締役及び執行役

第63条（招集の決定事項）　 R02
　法第298条第1項第5号に規定する法務
省令で定める事項は、次に掲げる事項とす
る。
　一　法第298条第1項第1号に規定する株主
　　総会が定時株主総会である場合において、
　　同号の日が次に掲げる要件のいずれかに
　　該当するときは、その日時を決定した理
　　由（ロに該当する場合にあっては、その
　　日時を決定したことにつき特に理由があ
　　る場合における当該理由に限る。）
　　イ　当該日が前事業年度に係る定時株主
　　　総会の日に応当する日と著しく離れた
　　　日であること。
　　ロ　株式会社が公開会社である場合にお
　　　いて、当該日と同一の日において定時
　　　株主総会を開催する他の株式会社（公
　　　開会社に限る。）が著しく多いこと。
　二　法第298条第1項第1号に規定する株主
　　総会の場所が過去に開催した株主総会の
　　いずれの場所とも著しく離れた場所であ
　　るとき（次に掲げる場合を除く。）は、そ
　　の場所を決定した理由
　　イ　当該場所が定款で定められたもので
　　　ある場合
　　ロ　当該場所で開催することについて株
　　　主総会に出席しない株主全員の同意が
　　　ある場合
　三　法第298条第1項第3号又は第4号に掲
　　げる事項を定めたときは、次に掲げる事
　　項（定款にロからニまで及びへに掲げる
　　事項についての定めがある場合又はこれ

らの事項の決定を取締役に委任する旨を
決定した場合における当該事項を除く。）
- イ　次款の規定により株主総会参考書類
  に記載すべき事項（第85条の２第３号，
  第85条の３第３号，第86条第３号及び
  第４号，第87条第３号及び第４号，第
  88条第３号及び第４号，第89条第３号，
  第90条第３号，第91条第３号，第91
  条の２第３号並びに第92条第３号に掲
  げる事項を除く。）
- ロ　特定の時（株主総会の日時以前の時
  であって，法第299条第１項の規定に
  より通知を発した日から２週間を経過
  した日以後の時に限る。）をもって書面
  による議決権の行使の期限とする旨を
  定めるときは，その特定の時
- ハ　特定の時（株主総会の日時以前の時
  であって，法第299条第１項の規定に
  より通知を発した日から２週間を経過
  した日以後の時に限る。）をもって電磁
  的方法による議決権の行使の期限とす
  る旨を定めるときは，その特定の時
- ニ　第66条第１項第２号の取扱いを定め
  るときは，その取扱いの内容
- ホ　第94条第１項の措置をとることによ
  り株主に対して提供する株主総会参考
  書類に記載しないものとする事項
- ヘ　１の株主が同一の議案につき次に掲
  げる場合の区分に応じ，次に定める規
  定により重複して議決権を行使した場
  合において，当該同一の議案に対する
  議決権の行使の内容が異なるものであ
  るときにおける当該株主の議決権の行
  使の取扱いに関する事項を定めるとき
  （次号に規定する場合を除く。）は，そ
  の事項
  - ⑴　法第298条第１項第３号に掲げる
    事項を定めた場合　法第311条第１
    項
  - ⑵　法第298条第１項第４号に掲げる
    事項を定めた場合　法第312条第１
    項
- 四　法第298条第１項第３号及び第４号に掲
  げる事項を定めたときは，次に掲げる事
  項（定款にイ又はロに掲げる事項につい
  ての定めがある場合における当該事項を
  除く。）

- イ　法第299条第３項の承諾をした株主
  の請求があった時に当該株主に対して
  法第301条第１項の規定による議決権
  行使書面（法第301条第１項に規定す
  る議決権行使書面をいう。以下この節
  において同じ。）の交付（当該交付に代
  えて行う同条第２項の規定による電磁
  的方法による提供を含む。）をすること
  とするときは，その旨
- ロ　１の株主が同一の議案につき法第311
  条第１項又は第312条第１項の規定に
  より重複して議決権を行使した場合に
  おいて，当該同一の議案に対する議決
  権の行使の内容が異なるものであると
  きにおける当該株主の議決権の行使の
  取扱いに関する事項を定めるときは，
  その事項
- 五　法第310条第１項の規定による代理人に
  よる議決権の行使について，代理権（代
  理人の資格を含む。）を証明する方法，代
  理人の数その他代理人による議決権の行
  使に関する事項を定めるとき（定款に当
  該事項についての定めがある場合を除
  く。）は，その事項
- 六　法第313条第２項の規定による通知の方
  法を定めるとき（定款に当該通知の方法
  についての定めがある場合を除く。）は，
  その方法
- 七　第３号に規定する場合以外の場合にお
  いて，次に掲げる事項が株主総会の目的
  である事項であるときは，当該事項に係
  る議案の概要（議案が確定していない場
  合にあっては，その旨）
  - イ　役員等の選任
  - ロ　役員等の報酬等
  - ハ　全部取得条項付種類株式の取得
  - ニ　株式の併合
  - ホ　法第199条第３項又は第200条第２項
    に規定する場合における募集株式を引
    き受ける者の募集
  - ヘ　法第238条第３項各号又は第239条第
    ２項各号に掲げる場合における募集新
    株予約権を引き受ける者の募集
  - ト　事業譲渡等
  - チ　定款の変更
  - リ　合併
  - ヌ　吸収分割

ル　吸収分割による他の会社がその事業
　　に関して有する権利義務の全部又は一
　　部の承継
ヲ　新設分割
ワ　株式交換
カ　株式交換による他の株式会社の発行
　　済株式全部の取得
ヨ　株式移転
タ　株式交付

第66条（議決権行使書面）　H21, H24
　法第301条第1項の規定により交付すべ
き議決権行使書面に記載すべき事項又は法
第302条第3項若しくは第4項の規定により
電磁的方法により提供すべき議決権行使書
面に記載すべき事項は，次に掲げる事項と
する。
一　各議案（次のイからハまでに掲げる場
　合にあっては，当該イからハまでに定め
　るもの）についての賛否（棄権の欄を設
　ける場合にあっては，棄権を含む。）を記
　載する欄
　イ　2以上の役員等の選任に関する議案
　　である場合　各候補者の選任
　ロ　2以上の役員等の解任に関する議案
　　である場合　各役員等の解任
　ハ　2以上の会計監査人の不再任に関す
　　る議案である場合　各会計監査人の不
　　再任
二　第63条第3号ニに掲げる事項について
　の定めがあるときは，第1号の欄に記載
　がない議決権行使書面が株式会社に提出
　された場合における各議案についての賛
　成，反対又は棄権のいずれかの意思の表
　示があったものとする取扱いの内容
三　第63条第3号ヘ又は第4号ロに掲げる
　事項についての定めがあるときは，当該
　事項
四　議決権の行使の期限
五　議決権を行使すべき株主の氏名又は名
　称及び行使することができる議決権の数
　（次のイ又はロに掲げる場合にあっては，
　当該イ又はロに定める事項を含む。）
　イ　議案ごとに当該株主が行使すること
　　ができる議決権の数が異なる場合　議
　　案ごとの議決権の数
　ロ　一部の議案につき議決権を行使する
　　ことができない場合　議決権を行使す

ることができる議案又は議決権を行使
することができない議案
2　第63条第4号イに掲げる事項についての
　定めがある場合には，株式会社は，法第299
　条第3項の承諾をした株主の請求があった
　時に，当該株主に対して，法第301条第1項
　の規定による議決権行使書面の交付（当該
　交付に代えて行う同条第2項の規定による
　電磁的方法による提供を含む。）をしなけれ
　ばならない。
3　同1の株主総会に関して株主に対して提供
　する招集通知の内容とすべき事項のうち，
　議決権行使書面に記載している事項がある
　場合には，当該事項は，招集通知の内容と
　することを要しない。
4　同1の株主総会に関して株主に対して提供
　する議決権行使書面に記載すべき事項（第
　1項第2号から第4号までに掲げる事項に
　限る。）のうち，招集通知の内容としている
　事項がある場合には，当該事項は，議決権
　行使書面に記載することを要しない。

第134条（総資産額）　H18, H27
　法第467条第1項第2号及び第2号の2
イに規定する法務省令で定める方法は，算
定基準日（同項第2号又は第2号の2に規
定する譲渡に係る契約を締結した日（当該
契約により当該契約を締結した日と異なる
時（当該契約を締結した日後から当該譲渡
の効力が生ずる時の直前までの間の時に限
る。）を定めた場合にあっては，当該時）を
いう。以下この条において同じ。）における
第1号から第9号までに掲げる額の合計額
から第10号に掲げる額を減じて得た額をも
って株式会社の総資産額とする方法とする。
一　資本金の額
二　資本準備金の額
三　利益準備金の額
四　法第446条に規定する剰余金の額
五　最終事業年度（法第461条第2項第2号
　に規定する場合にあっては，法第441条
　第1項第2号の期間（当該期間が2以上
　ある場合にあっては，その末日が最も遅
　いもの）。以下この項において同じ。）の
　末日（最終事業年度がない場合にあって
　は，株式会社の成立の日。以下この条に
　おいて同じ。）における評価・換算差額等
　に係る額

六　株式引受権の帳簿価額
七　新株予約権の帳簿価額
八　最終事業年度の末日において負債の部に計上した額
九　最終事業年度の末日後に吸収合併，吸収分割による他の会社の事業に係る権利義務の承継又は他の会社（外国会社を含む。）の事業の全部の譲受けをしたときは，これらの行為により承継又は譲受けをした負債の額
十　自己株式及び自己新株予約権の帳簿価額の合計額
2　前項の規定にかかわらず，算定基準日において法第467条第1項第2号又は第2号の2に規定する譲渡をする株式会社が清算株式会社である場合における同項第2号及び第2号の2イに規定する法務省令で定める方法は，法第492条第1項の規定により作成した貸借対照表の資産の部に計上した額をもって株式会社の総資産額とする方法とする。

重要条文一覧

判例索引

アガルートアカデミーは,
2015年1月に開校した
オンラインによる講義の配信を中心とする
資格予備校です。

「アガルート（AGAROOT）」には,
資格の取得を目指す受験生の
キャリア，実力，モチベーションが
あがる道（ルート）になり,
出発点・原点（ROOT）になる,
という思いが込められています。

上田 亮祐さん

平成29年度司法試験総合34位合格
神戸大学・神戸大学法科大学院出身

—— 法曹を目指したきっかけを教えてください。

　私は，小学生の頃にテレビに出ていた弁護士に憧れを抱いて，弁護士を目指すようになりました。

—— 勉強の方針とどのように勉強を進めていましたか？

　演習を中心に進めていました。

　アガルートアカデミーの講座の受講を始めたのはロースクール入学年の2015年4月からなのですが，それまでは別の予備校の入門講座，論文講座を受講していました。しかし，そこでは「まだ答案の書き方が分からないから，とりあえず講座の動画を消化しよう。消化していけば答案の書き方が分かるようになるはずだ」と考え，講義動画を見たり，入門テキスト，判例百選を読むだけで，自分でほとんど答案を書かず実力をつけられないままロースクール入試を迎えました。

　なんとか神戸大学法科大学院に入学し，自分の実力が最底辺のものでこのままでは2年後の司法試験合格どころかロー卒業すらも危ういと分かると，司法試験の勉強として何をすれば良いのかを必死で考えるようになりました。そして，「司法試験は，試験の本番に良い答案を書けることができれば合格する試験である」という当たり前の命題から，「少しでも良い答案を書けるように，答案を書く練習をメインに勉強しよう」と考えるようになりました。

　そこで，総合講義300を受講し直しつつ，重要問題習得講座のテキストを用いて，論文答案を書く練習を勉強のメインに据えていました。また，なるべく手を広げないように，同じ教材を繰り返すことを心がけていました。

—— 受講された講座と，その講座の良さ，使い方を教えてください。

【総合講義300】

　総合講義300の良さは，講義内でテキストを3周するシステムだと思います。

　以前受講した別の予備校の入門講座は，民法だけで100時間以上の講義時間がある上，テキストを1周して終わるため，講義を受け終わると最初の方にやったことをほとんど覚えていないということが普通でした。しかし，アガルートの総合講義は，講義内でテキストを3周するため，それまでにやったことを忘れにくい構造になっていると感じました。テキストも薄く持ち運びに便利で，受験生のことをしっかり考えてくれていると思いました。

【論証集の「使い方」】

　短い時間で各科目の復習，論点の書き方の簡単な確認ができるのがとても優れています。講義音声をダウンロードして，iPodで繰り返し再生していました。

【論文答案の「書き方」】

　答案の書き方が分からない状態というのは，「今は書けないから，問題演習しないでおこう，答案を書かないでおこう」と考えがちなのですが，そんな初学者状態の受験生に，強制的に答案を書く契機を与えてくれるので，そういう点でこの講座は有益だったと思います。他のテキストではあまり見ない「答案構成例」が見られるのも初学者の自分には助かりました。また，重要問題習得講座のテキストを用いた演習方法は，この講座で工藤先生がやっていたことをそのままやろうと考えて思いついたのであり，この講座がなければ勉強の方向性が大きく変わっていたのではないかと思います。

【重要問題習得講座】

　テキストが特に優れています。予備校の講座内で使用されているテキストは，口頭・講義内での説明を前提としているため，解説が書かれていなかったり不十分なことが多いのですが，重要問題習得講座のテキストは十分な解説が掲載されていますし，論証集，総合講義の参照頁も記載されていますから，自学自習でも十分にテキストを利用することができます。

【旧司法試験論文過去問解析講座（上三法）】

　テキストに掲載されている解説が詳細であるのみならず，予備試験合格者が60分で六法以外何も見ずに書いた答案が掲載されており，予備試験合格者のリアルなレベルを知ることができたのはとても有益でした。完全解を目指すためには模範答案を，とりあえず自分がどの程度のレベルに到達しているのかを測るためには予備試験合格者の答案を見れば良かったので，全司法試験・予備試験受験生に薦めたい講座の1つです。

―― 学習時間はどのように確保していましたか？

　　学習時間はローの講義のない空きコマで問題を解くようにしていました。また，集中できないときはスマホの電源を切ってカバンの中にしまったり，そもそもスマホを持って大学に行かないようにすることで，「勉強以外にやることがない」状況を意図的に作り出すようにしていました。

―― 振り返ってみて合格の決め手は？　　合格にアガルートの講座はどのくらい影響しましたか？

　　演習中心で勉強し，細かい知識に拘泥することなく，「受かればなんでも良い」という精神で合格に必要な最短コースを選ぶことができたのが合格の最大の決め手になったのだと思います。重要問題習得講座は，そのような演習中心の勉強をするに当たりかなり有益でした。また，論証集の「使い方」についても，その内容面はもちろん，勉強方法について講座内でも，工藤先生は再三「受かればなんでもいい」「みなさんの目的は法学を理解することではなく，受かること」と仰っており，講義音声を聞き返す度にこれを耳にすることになるので，自分の目的意識を明確に保つことができたように思います。

―― 後進受験生にメッセージをお願いします。

　　私自身もそうでしたが，よく思うのは，「合格者に勉強方法などについて質問をたくさんする人ほど，自分で勉強する気がない」ということです。勉強方法や合格体験談の情報をたくさん集めるだけで，なんとなく自分の合格が近づいたように錯覚してしまい，真面目に勉強しなくなるというのは私自身が経験した失敗です。受験生がやるべきことは，失敗体験を集めた上で，その失敗を自分がしないようにすることだと思います。私は講義動画を視聴するだけで自分では答案を書かなかったために，ロー入学時点で答案の書き方が全く分からない，答案が書けないという失敗を犯しました。受験生の方には，ぜひとも私と同じ失敗をしないようにしていただきたいと思います。

上田 亮祐（うえだ・りょうすけ）さん　　*Profile*

25 歳（合格時），神戸大学法科大学院出身。
平成 28 年予備試験合格(短答 1998 位，論文 173 位，口述 162 位)，
司法試験総合 34 位（公法系 199 ～ 210 位，民事系 70 ～ 72 位，
刑事系 113 ～ 125 位，選択科目（知的財産法）3 位，論文 34 位，
短答 455 位)，受験回数：予備，本試験ともに 1 回ずつ。

福澤 寛人 さん

平成30年度司法試験予備試験合格
令和元年度司法試験1回目合格　慶應義塾大学出身

—— 法曹を目指したきっかけを教えてください。

　　法律の勉強が楽しく，法律を扱う仕事をしたいと感じたからです。弁護士の業務への興味よりも，法律学への興味が先行していました。

—— どのように勉強を進めていましたか？

　　総合講義300を受講したあとに，ラウンジ指導を受け，論文を書き始めました。今思えば，総合講義300と論文答案の「書き方」・重要問題習得講座は並行して受講すべきであったと感じています。

　　勉強の方針としては，手を広げすぎず，アガルートの講座を中心に勉強をしました。また，特に過去問の分析にも力を入れ，本試験というゴールを意識した勉強をするよう心掛けていました。

—— 受講された講座と，その講座の良さ，使い方を教えてください。

【総合講義300】

　　総合講義300は，300時間という短時間で法律科目全体を学べる点が良かったです。講座自体はとても分かりやすいのですが，法律そのものが難解ですので，どうしても理解できない箇所がありました。しかし，工藤先生がおっしゃる通り，分からない箇所があったとしても，一旦飛ばして先に進むという方針で勉強をしました。その結果，躓くことなく，また，ストレスを感じることなく，勉強を進めることができました。

【論文答案の「書き方」】

　　この講座は，論文の書き方の基礎をさらっと学べる点が良かったです。この講座は，受講をした後に，練習問題を実際に書き，先生に添削していただくと

いう使い方をしました。

【重要問題習得講座】

　この講座は，全ての問題を解くことで，重要な論点の論文問題をこなせる点が良かったです。この講座は，答案構成をした後に解説講義を聴き，自分の答案構成と参考答案を見比べ，自分に何が足りていないかを分析するという使い方をしました。

【論証集の「使い方」】

　この講座は，繰り返し聴くことで，自然と論証が頭に入ってくる点が良かったです。この講座は，iPhoneに音声を入れ，1.5倍速ほどのスピードで繰り返し聴くという使い方をしました。

【予備試験過去問解析講座】

　この講座は，難解な予備試験の過去問について，丁寧に解説がなされている点が良かったです。この講座は，予備試験の論文の過去問を実際に解いた後に，講義を聴くという使い方をしました。

―― 学習時間はどのように確保していましたか？

　隙間時間を有効に活用することで，最低限の学習時間を確保するよう意識していました。勉強に飽きたときには，あえて勉強をせず，ストレスをためないように意識をしていました。

―― 直前期はどう過ごしていましたか？

　直前期は，自分でまとめた自分の弱点ノートを見直していました。自分には，問題文を読み飛ばす・事情を拾い落とすなどの弱点があったため，本番でその失敗をしないよう，何度もノートを見ることで注意を喚起しました。また，何とかなるでしょうという気軽な心構えで試験を迎えました。

―― 試験期間中の過ごし方は？

　普段と違うことはせず，普段と同じ行動をするように心掛けました。また，辛い物や冷たい物など，体調を崩す可能性のある物は食べないよう気をつけました。

―― 受験した時の手ごたえと合格した時の気持ちを教えてください。

　短答式試験は落ちたと感じましたが，実際には合格できていたので，スタートラインに立てたという安心感がありました。

論文式試験は初受験だったため，よくできたのかできなかったのかも分かりませんでした。そのため，論文合格を知った時は嬉しい気持ちと驚きの気持ちが半々でした。

口述式試験は，完璧にはほど遠い手ごたえでしたが，合格しているとは感じていました。実際に合格していると知ったときには安堵しました。

—— 振り返ってみて合格の決め手は？　合格にアガルートの講座はどのくらい影響しましたか？

合格の決め手は，アガルートを信じて手を広げ過ぎなかったことであると感じています。アガルートの講座のみを繰り返すことによって盤石な基礎固めをすることができたと思います。そのため，上記の講座は，今回の合格に大きく影響していると考えます。

—— アガルートアカデミーを一言で表すと？

「合格塾」です。

—— 後進受験生にメッセージをお願いします。

予備試験は出題範囲が広く，受験は長期間の闘いになると思います。ですので，無理をし過ぎず，ストレスをためない勉強方法を模索することが大事だと思います。

また，私は，模範答案とは程遠い答案しか書けずにいました。しかし，それでも結果的に合格できていることから，合格するためには模範答案ほどの答案を書ける必要はないと分かりました。そのため，完璧な答案を書けなくとも，気にすることなく勉強を進めていただければと思います。

同じ法曹を目指す仲間として，これからも勉強を頑張りましょう。

Profile

福澤 寛人 (ふくざわ・ひろと) さん

21歳（合格時），慶應義塾大学4年生。在学中に受けた2回目の予備試験で合格を勝ち取る。短答1770位，論文106位。

秋月 亮平 さん

京大ロースクール2年次に予備試験合格後中退。
平成30年度司法試験総合56位合格

—— 法曹を目指したきっかけを教えてください。

　文学部在籍時，専攻を変更した影響で1年留年が決まっていたところ，父に，「暇なら予備試験でも受けてみたら」と言われたのをきっかけに勉強を開始。公務員試験で勉強経験のない商法，訴訟法の勉強をしているうちに法律そのものが面白くなり，予備試験には不合格だったものの，法律を職業にしたいと思い，本格的に司法試験を目指すようになった。

—— アガルートとの出会いは？

　2年連続で予備試験不合格となり，親から予備校の利用を勧められた。そこで，私が前年より使用し始めていた市販の論証集の著者が開いているというアガルートというところにした。理由は，安いからである。

—— どのように勉強を進めていましたか？

　予備試験3回目の年は，クラスの中で予備試験を目指している友人と仲良くなり，短答合格後，論文試験に向け，励まし合いつつお互いに予備試験の過去問を書いたものを見せ合うということをやった。

　論文合格という驚天動地の出来事に目を白黒させながら口述対策を慌てて始めた。予備校で口述模試を受ける他は，法律実務基礎科目対策講座を読んで要件事実，刑事手続を詰め込んだ。また，民事訴訟の手続（執行保全含む。），刑法各論の構成要件の暗記も行った。

　司法試験へ向けては，1月半ばから，過去問を書き始めた。しかし，予備試験後からのブランクを差し引いても，本試験の問題がそう簡単に書けるわけがない。ここから，模試と本試験まで，途中答案病に呻吟することとなる。

2月以降,他の予備校に週2回答練に通った。過去問を書いた感触からして,自分の最大のアキレス腱は途中答案であると確信していたので,問題文の読み方や答案構成のやり方はもちろん,ペンについても試行錯誤していかに時間内に書き切るかに課題を絞った。

—— 受講された講座と,その講座の良さ,使い方を教えてください。

【総合講義100】

　試験に要求される必要十分条件(必要条件でも,十分条件でもない。)を満たした知識がコンパクトに盛り込まれている。薄くて(商法のテキストを見たときはのけぞった。シケタイやCbookしか見たことがなかったから。),持ち運びに便利なだけでなく,そもそも読む気が起きる。

　初めは講義とともに通しで受け,その後はアドホックに該当箇所を参照していた。公法,刑事は判例知識が乏しかったため,特定の分野の判例を何度も何度も読んで,目が開かれた(例えば行政法の原告適格の判例だけを繰り返し読んで講義を聴くうち,個々の判例の内容も頭に入るようになったし,問題を解くときに判例を地図にして判断できるようになった。)。そのため,一番役に立ったのは判例の解説だったと思う。

【論証集の「使い方」】

　徹底して判例・調査官解説・通説に準拠しており信頼性が抜群である。キーワードと規範(判例が使っている理由づけ含む。)にマークして,流し読みを繰り返す。たまにじっくり読む機会を作って,1つ1つの文の意味を本当に理解しているか,換言すればそれをくだけた言葉遣いででも他人に説明できるだろうかということを問いながら読むと,実はよくわかっていないということがわかったりする。巷で言われている通り確かに論証が長めだが,その分いつまでも発見が尽きない。講義も音楽感覚で聴いていたが,やはり論証を手元に置いて先生が言っているポイントを書き込んでしまう方が話が早い。

【重要問題習得講座】

　論点の網羅性が高く,論証の真の「使い方」はこの講座で体得した気がする。使い方としては,法律的な構成と論点抽出を正しくできるかに力点を置いて,あてはめは,最悪あまり上手くなくても気にせずクリアということにしていた。1週目の出来を〇,△,×に分け(救急医療の用語でトリアージと呼んでいた。),×の問題だけ繰り返すようにしていた。あまりクリア基準を厳しくしすぎると優先順位を上手く割り振れないため,△は甘めにしていた(小さな論点落としなど。)。

—— 学習時間はどのように確保していましたか？

　　ロースクールの予習復習はあまりしていなかったので，授業時間以外は基本的に自分の勉強時間にあてることができた。もっといえば授業中も論証を読んでいたりしていた。また，電車での移動時間に論証や総合講義を読む（聴く），肢別本を解くなどもした。

　　ロースクールに行かなくなってから直前期までは，昼に自習室に行き，過去問や重問をメインで勉強し，夜9時すぎに帰っていた。他予備校の答練がある日は，答練後自習室に戻り，答練で出た分野の復習をすることが多かった。

—— 振り返ってみて合格の決め手は？　合格にアガルートの講座はどのくらい影響しましたか？

　　決め手を1つに絞るのは難しいので2つ挙げると，論証だけはしっかり覚え（る努力をし）たのと，わからない問題からはさっさと逃げたことだと思う（私は「損切り」と呼んでいた。）。

　　論証集の「使い方」を繰り返し聴き，問題の所在や規範自体の意味まで学べたので，法律論はもちろんのこと，あてはめまで充実させることができた。予備試験から司法試験で共通しているのは総合講義と論証集なので，この2つが決定的に影響したと思われる。

—— アガルートアカデミーを一言で表すと？

　　「合法ドーピング」

—— 後進受験生にメッセージをお願いします。

　　司法試験に合格するのは，他ならぬ「あなた」しかいません。合格者の言うことは金科玉条では全くなく，ネットやロースクールで出回る噂は基本眉唾です。予備校もそうで，所詮あなたが使い倒すべき駒の1つにすぎません。どれを捨て，どれを活かすかもあなたが自由に決めてよいのです。どんな些細な情報にも，振り回されず，フラットに受け止めて，たくさん捨て，たくさん活かしてください。

秋月 亮平（あきづき・りょうへい）さん

Profile

25歳（合格時），京都大学文学部卒業，京都大ロー未修コース中退。
予備試験は学部5回，ロー1年次で不合格後，2年次に合格。
平成30年度司法試験1回合格（総合56位）。

〈編著者紹介〉

アガルートアカデミー

大人気オンライン資格試験予備校。2015年1月開校。
- 司法試験，行政書士試験，社会保険労務士試験をはじめとする法律系難関資格を中心に各種資格試験対策向けの講座を提供している。受験生の絶大な支持を集める人気講師を多数擁する。合格に必要な知識だけを盛り込んだフルカラーのオリジナルテキストとわかりやすく記憶に残りやすいよう計算された講義で，受講生を最短合格へ導く。
- 近時は，「オンライン学習×個別指導」で予備試験・司法試験の短期学習合格者を続々と輩出する。

アガルートの司法試験・予備試験
総合講義1問1答　商法

2021年7月30日　初版第1刷発行
2023年9月20日　初版第2刷発行

編著者　アガルートアカデミー

発行者　アガルート・パブリッシング
〒162-0814　東京都新宿区新小川町5-5　サンケンビル4階
e-mail：customer@agaroot.jp
ウェブサイト：https://www.agaroot.jp/

発売　サンクチュアリ出版
〒113-0023　東京都文京区向丘2-14-9
電話：03-5834-2507　FAX：03-5834-2508

印刷・製本　シナノ書籍印刷株式会社

すべては受験生の最短合格のために

AGAROOT
ACADEMY

アガルートアカデミー ｜ 検索